생각하는 사람

생각하는 사람

1판 1쇄 인쇄 2023년 6월 10일
1판 1쇄 발행 2023년 6월 15일

지은이 김서택
발행인 한동인
펴낸곳 (주)씨뿌리는사람

등록번호 제2006-4호
주 소 경기도 이천시 경충대로 2096-4
(서울사무소) T. 741-5181, 4 F. 744-1634

책값은 뒤표지에 있습니다.

ISBN 978-89-90342-63-8

Web www.kclp.co.kr

"천국은 마치 사람이 자기 밭에 갖다 심은 겨자씨 한 알 같으니
이는 모든 씨보다 작은 것이로되 자란 후에는 나물보다 커서 나무가 되매
공중의 새들이 와서 그 가지에 깃들이느니라"(마 13:31-32)

공급처 기독교문사 도매부 T. 741-5181~3 F. 762-2234

생각하는 사람

김서택

씨뿌리는 사람

Prologue 프롤로그

〈생각하는 사람〉은 로댕의 유명한 작품입니다. 어떤 근육질의 남자가 쪼그리고 앉아서 생각에 잠긴 모습입니다. 그러나 실제로 이 작품은 로댕의 〈지옥문〉이라는 대작 지옥문 위에 있는 조각입니다. 그는 지옥문 위에서 수많은 사람이 정욕적으로 살다가 지옥에 떨어져서 고통받는 모습을 보고 깊이 생각하고 있는 것입니다.

전도서는 우리로 하여금 인생을 생각하게 하는 귀한 말씀입니다. 우리는 이 세상에서 자신의 능력만 믿고 모두 성공의 길로 달려가지만, 그 결국은 모두 헛되고 파멸입니다. 우리는 행복한 인생을 살기 위해서 미리 자신의 인생을 깊이 생각해야 합니다.

언제나 부족한 저의 책을 조금도 주저 없이 출판하시는 한동인 사장님께 감사드립니다. 그리고 모든 말씀의 동역자들에게 감사드립니다.

대구 수성교 옆에서

김서택 목사

Contents 차례

프롤로그 05

01 인생을 사는 의미 | 전 1:1-7 09
02 해 아래에는 새 것이 없다 | 전 1:8-11 18
03 인간의 노력 | 전 1:12-18 27
04 행복을 찾는 사람 | 전 2:1-3 36
05 성공의 사람들 | 전 2:4-11 45
06 사람의 지혜 | 전 2:12-17 54
07 인생이 남긴 것 | 전 2:18-26 63
08 때가 있다 | 전 3:1-12 72
09 풀리지 않는 문제 | 전 3:13-22 81
10 실패한 인생 | 전 4:1-8 89
11 부족한 인생 | 전 4:9-16 98
12 하나님이 필요하다 | 전 5:1-2 107

13	살 가치가 있다	전 5:2-9	116
14	소유하는 자와 맡은 자	전 5:10-20	125
15	후회 없는 인생	전 6:1-12	133
16	인생의 선택	전 7:1-14	143
17	아름다운 인생	전 7:15-29	151
18	지혜로운 자	전 8:1-8	160
19	하나님의 공의	전 8:9-17	170
20	산 자의 유익	전 9:1-10	179
21	생명을 살리는 지혜	전 9:11-18	188
22	불완전한 지혜	전 10:1-11	197
23	지혜로운 마음	전 11:1-10	206
24	창조주를 기억하라	전 12:1-14	215

01

인생을 사는 의미

전 1:1-7

젊었을 때는 너무나도 하고 싶은 것이나 배우고 싶은 것이 많아서 세상에 대한 꿈이나 기대가 큽니다. 그러나 대부분 사람이 나이가 60이 넘으면 성공했든지 성공하지 못했든지 인생에는 한계가 있고 이 세상에서 가는 것이 다 똑같다는 생각을 가지게 됩니다. 그래서 하던 일도 그만두고 몸 여기저기에 병도 생기고 자신의 마지막 즉 죽음에 대하여 심각하게 생각하게 됩니다.

그리고 젊었을 때는 감정적으로도 사랑이 끓어오르기 때문에 누군가를 사랑하고 싶고, 어떤 때는 영화를 보다가 눈물을 흘리기도 하고, 밤을 새워서 책을 읽기도 합니다. 그러나 나이가 들게 되면 일단 사랑하고 싶기는 하지만 사랑할 대상이 없어지게 되고, 영화도 시시하고 책도 이미 모두 읽었던 책이어서 옛날 같은 감동이 생기지 않게 됩니다. 그대신 나이가 들게 되면 앞으로 자기가 살 수 있는 시간이 얼마 남지 않았다는 것을 생각하게 되고, 자기가 죽으면 어떻게 되는지, 그리고 죽고 난 뒤에 사람들이 자신의 이름을 기억해줄지 심각하게 생각하게 됩니다. 그런데 자기 나름대로 인생의 최고 성공을 거두었다고 생각했는데 갑자기 이성 문제나 돈 문제가 터지면서 한평생의 자기 인생을 망쳐버리는 경우가 많이 있습니다.

1. 전도서의 저자

전도서는 성경 중에서 지혜 문학에 속하는데, 솔로몬이 쓴 것으로 알려져 있습니다. 또 전도서의 서문에서도 저자는 이 책을 다윗의 아들이 썼다고 언급하고 있습니다. 물론 다윗의 아들이 여러 명 있지만 왕까지 된 사람은 솔로몬밖에 없습니다.

전도서는 자기 인생의 의미를 찾는 성경입니다. 즉 이 세상에서 최고의 성공을 거두었고 부와 엄청나게 많은 여성을 거느렸던 솔로몬 왕이 인생에 대하여 어떤 교훈을 주고 있습니다.

1:1, "다윗의 아들 예루살렘 왕 전도자의 말씀이라"

이 전도서의 저자는 자신에 대하여 "다윗의 아들 예루살렘 왕 전도자"라고 했습니다. 대개 왕이라면 자신을 소개할 때 '이스라엘의 왕 누구'라는 식으로 소개를 합니다. 그러나 전도서의 저자는 자신을 "예루살렘 왕 전도자"라고 소개하는데, 이것은 겸손의 표현인 것 같습니다. 물론 예루살렘 왕과 이스라엘 왕은 같은 사람이지만, 자기 자신을 예루살렘 왕으로 부름으로 자신이 다스리고 있는 영역은 한 도시에 불과하다고 말하고 있는 것입니다. 그래서 솔로몬은 자기가 얼마나 작은 사람인지 이야기하려고 했던 것 같습니다. 즉 자기는 이스라엘 왕이긴 하지만 이스라엘 전체는 모르고, 또 알아봐야 예루살렘 정도만 겨우 알고 있다는 뜻일 것입니다.

여기서 "전도자"는 '가르치는 사람'이라는 뜻도 있고, '설교자'

라는 뜻도 있습니다. 솔로몬은 자신을 만나기 위하여 예루살렘을 찾아오는 수많은 순례자에게 하나님의 말씀을 가지고 인생의 의미를 깨닫게 해주는 설교자 역할을 했던 것입니다.

그러나 성경을 보면, 솔로몬의 인생은 늙어서 큰 잘못에 빠지게 되었습니다. 솔로몬이 젊었을 때 하나님께 일천번제의 기도를 드리고 성전을 지어 하나님께 바쳤습니다. 그래서 하나님은 솔로몬을 사랑하셔서 세상에서 어느 누구도 따라올 수 없는 지혜와 부귀와 영화를 그에게 주셨습니다. 그러나 솔로몬이 성공하고 유명하게 된 후에는 외국의 많은 공주를 왕비나 후궁으로 삼았는데, 그들이 모두 자기 신을 경배하기 위해 신전을 짓고 그 신을 섬기는 바람에 솔로몬이 늙어서는 하나님을 떠나고 왕비나 첩들과 함께 우상을 섬기는 자가 되고 말았습니다. 그래서 솔로몬은 이스라엘을 부흥시키기도 했지만 자신의 정욕 때문에 이스라엘을 부패하게 만든 장본인이 되었던 것입니다.

그런데 전도서를 보면, 솔로몬은 우리가 사는 인생이 “헛되고 헛되고 헛되도다”라는 말을 많이 하고 있습니다. 우리의 인생이 헛된 줄 알려고 하면 나이가 어느 정도 들어야 할 것입니다. 그런데 솔로몬은 늙어서 외국 공주에 빠져서 하나님을 멀리하고 타락한 상태에 있었습니다. 솔로몬에게는 왕비가 7백 명, 첩이 3백 명이 있었다고 했는데, 상대하는 여자가 천 명이나 된다는 것은 완전히 성적으로 타락한 것을 보여줍니다. 그런 사람이 어떻게 다른 사람의 인생 문제를 지도해 줄 수 있겠습니까? 그래서 어떤 사람들은 이 전도서를 보고는 솔로몬이 늙어서 다시 회개했다고 추측하기도 합니다.

그러나 다른 하나의 관점으로는 이 전도서는 솔로몬이 그렇게 늙었을 때는 아니고, 아마도 그의 인생에서 가장 전성기였을 때 하나님의 영감에 충만해서 이 전도서를 썼다고 보기도 합니다. 즉 전도서는 아직 솔로몬이 타락하기 전에 하나님께서 주신 지혜로 이 글을 썼다는 것입니다.

2. 다양한 인생관

보통 우리는 인생관이라고 하면 파스칼의《팡세》라든지 쇼펜하우어나 미국의 카네기의 인생관을 생각하게 됩니다. 그러나 대개 그런 책은 그 사람의 신앙관이나 철학, 아니면 자기 계발에 관한 책입니다.

사람들은 이 세상에서 저마다 다양한 인생관을 가지고 살아갑니다.

첫째는 행복을 찾아서 살아가는 것입니다. 그래서 일단 자기 인물이 예쁘면 좋고, 그렇지 않으면 성형 수술이라도 해서 예뻐지려고 합니다. 또 사랑을 하고 좋은 곳을 찾아 여행을 떠나고, 돈을 많이 벌고 비싼 고급술을 마시고 좋은 외제차를 사서 타고 다니려고 합니다. 아마 그러면 당연히 기분이 좋을 섯이며 다른 사람들도 좋다고 칭찬할 것입니다.

둘째로는 어떤 목표를 달성하기 위하여 세상을 사는 것입니다. 예를 들어서 히말라야에 있는 해발 8천 미터 이상의 14개 봉우리를 다 정복한다든지, 혹은 올림픽에서 금메달을 딴다든지, 혹은 음악으로 유명해져서 K-Pops 가수가 된다든지 아니면 고시에 합격하고 국회의원을 하고 나중에는 장관이나 국무총리를 해보는 것을 목적으로 삼고 사는 사람들도 있을 것입니다.

저는 불교계에 아주 훌륭하게 생각하는 두 분이 있습니다. 한 사람은 옛날 당나라 때 활동했던 '현장' 입니다. 그는 당시 제대로 된 불경이 없어서 나라의 불교가 엉망인 것을 보고는 장장 왕복 15년에 걸려서 그 먼 타클라마칸 사막을 걸어서 인도에 가서 불경을 구해옵니다. 그리고 한 절에서 한평생 불경을 중국말로 번역하면서 살다가 죽습니다. 그리고 또 다른 분은 '법정' 입니다. 그는 주로 작은 절에서 혼자 살았습니다. 나중에는 강원도의 어느 화전민이 살던 집을 수리해서 살았는데, 그는 어느 날 자신의 책《무소유》를 읽고 감동받아서 자기가 가진 소유를 모두 절에 바치겠다는 한 불자를 만나게 됩니다. 그 여성은 서울에서 가장 큰 요정 중의 하나인 대홍각을 가지고 있었는데, 그것을 절에 바쳐서 그 요정이 나중에 길상사라는 절로 변하게 됩니다. 불교계에서는 참 낭만적인 이야기라고 생각합니다.

세 번째는 아무 목적도 없이 그냥 이 세상에 태어났으니까 남들이 하는 대로 하면서 살아가는 것입니다. 이들은 남들이 학교 다니니까 자기도 다니고, 남들이 직장 생활을 하니까 자기도 먹고 살기 위하여 직장 생활을 하고, 남들이 결혼하니까 자기도 결혼하고, 남들처럼 나이가 드니까 늙어가는 것입니다.

네 번째는 인생에 아무 의미가 없다는 염세적인 생각을 가지고 살다가 어느 순간 자살하든지 아니면 세상이나 다른 사람들을 원망하면서 살아가는 것입니다. 이들은 지금 세상 사는 것을 보니까 앞으로 살아봐도 별 볼일이 없겠다는 생각을 가지고 자신의 목숨을 스스로 끊어버리는 것입니다. 청소년 중에는 학교 폭력에 시달리다가 옆의 고층 아파트에 올라가서 뛰어내려서 죽는 아이들도 있고, 청년 중에는 혼자 죽는 것이 무서우니까 인터넷에서 같이 자살할 사람들을 모아서 여관방 같은 데서 연탄불을 피워놓고 같이 죽기도 합니다.

그러나 다른 하나의 부류가 중요합니다. 그것은 자기가 이 세상을 사는 이유를 땅끝까지 가서라도 찾는 것입니다. 그래서 옛날 사람 중에는 인생의 목적을 찾기 위해서 여러 나라를 떠돌아다니는 사람들이 많이 있었습니다.

3. 전도자가 생각한 인생

1:2. "전도자가 이르되 헛되고 헛되며 헛되고 헛되니 모든 것이 헛되도다"

전도자가 이 세상에 살아보고 여러 가지 공부나 경험과 쾌락을 누려보고 내린 결론은 "모든 것이 헛되도다"라는 것입니다. 여기서 전도자는 '헛되다'는 말을 무려 다섯 번이나 하고 있습니다. 이것은 이 세상에서 인간이 살려고 애쓰고, 높아지려고 애쓰고, 돈 벌려고 애쓰는 모든 수고가 완전히 쓸데없는 짓이라는 말입니다. 전도자는 인간이 이 세상에서 행복하려고 하고 성공하려고 하는 모든 노력이 허무하다고 강조하고 있습니다.

우리는 대개 이런 것을 '허무주의' 또는 '염세주의'라고 합니다. 즉 이 세상에서 아름다운 모든 것이 신기루를 좇는 것과 같은 것이라는 뜻입니다. 처음에는 사막 위에 멋진 오아시스가 보이는 것 같습니다. 그래서 목마른 사람들은 '저기로 가면 물이 있고 그늘이 있겠구나' 생각해서 그곳을 향해 열심히 갑니다. 그러나 막상 거기에 도착해서 보니까 그냥 그대로 뜨거운 사막뿐입니다. 그들이 보았던 오아시스는 뜨거운 사막에 비췄던 허상에 불과했던 것입니다.

마찬가지로 어떤 사람은 공부를 열심히 해서 좋은 학교에 들어갔는데 들어가고 보니까 거기도 역시 사람들이 사는 곳이고 기대만큼 만족스럽지 않은 것입니다. 또 어떤 사람은 아주 잘생긴 미인과 결혼했는데 그 여자의 성격이 너무 나빠서 매일 바가지를 긁는 바람에 결혼 생활이 지옥 같은 사람도 있는 것입니다. 어떤 사람은 성실하게 보이는 사람과 결혼했는데 알고 보니까 술을 많이 마시는 사람이었고 다른 여자와 부정한 짓을 많이 저지르는 사람이었던 것입니다.

특히 우리나라 사람들은 어떤 훌륭한 사람이 죽고 난 후에 그 사람을 추앙하는 분위기가 큰 편입니다. 그래서 유명한 종교 지도자 김수

환 추기경이 돌아가셨을 때 약 50만 명의 추모 인사들이 모여서 조문했다고 합니다. 그분은 너무 검소하게 살아서 그가 남긴 것이라고는 뿔테로 된 안경과 지팡이와 낡은 성경뿐이라고 합니다.

사람들이 자연을 보면 우리 인생과는 다른 모습을 보게 됩니다. 그것은 우리 인간은 한 번 쏜 화살처럼 처음에는 일정한 방향으로 가다가 나중에는 힘이 없어서 떨어지지만, 자연은 그렇지 않다는 것입니다. 자연은 언제나 변함없이 힘 있게 지속이 되고 있는 것입니다.

1:4. "한 세대는 가고 한 세대는 오되 땅은 영원히 있도다"

인간의 문제는 시간이 감에 따라서 늙어가고 나중에는 다 죽어서 화장을 하든지 땅에 묻히게 된다는 사실입니다. 그래서 사람이 아무리 유명하고 똑똑해도 세월이 가면 늙어서 노인이 되고 결국은 죽어서 묻히게 됩니다.

아마 지금 육십 대나 칠십 대 어른 중에는 지금 자신의 기분은 여전히 옛날 이십 대나 삼십 대 같은데 실제로는 머리가 허옇고 직장에서 은퇴해서 놀고 있는 것입니다. 사람이 나이가 들면 가장 먼저 다치는 곳이 허리입니다. '옛날에는 이런 것쯤이야 너무 쉽게 들었는데' 하면서 물건을 들다가 허리가 갑자기 삐끗하더니 그 뒤에는 허리가 아파서 일어나지도 못하게 됩니다. 저희 교회도 해병대 대위 출신 장로님이 계십니다. 그분은 월남을 두 번이나 갔다 왔습니다. 그러나 얼마 전에 전화를 드리니까 꼬부랑 할아버지가 되어있다는 것입니다. 우리에게 임진왜란은 아주 옛날에 있었던 일입니다. 그러나 하나님 앞에서는 어제 일과 같을 것입니다. 또 일제강점기라고 하면 너무 옛날 일이라고 생각하지만 나이 드신 장로님들이나 권사님에게는 어제 일처럼 생생할 것입니다.

우리는 늙지 않은 것 같지만, 어린이와 청소년들이 자라고 청년들이 치받고 올라오는 것을 보면 자동적으로 밀리게 되어있습니다. 우리 인간은 힘에 한계가 있어서 젊었을 때는 대단한 것 같지만 나이를 먹을수록 힘이 없어지게 됩니다. 그러나 자연은 언제나 힘이 있습니다. 그래서 이렇게 말합니다.

1:5-6, "해는 뜨고 해는 지되 그 떴던 곳으로 빨리 돌아가고 바람은 남으로 불다가 북으로 돌아가며 이리 돌며 저리 돌아 바람은 그 불던 곳으로 돌아가고"

자연에는 무엇인가 계속되는 힘이 있는 것 같습니다. 그래서 태양은 늙지도 않고 매일 매일 동쪽에서 뜨고 서쪽으로 집니다. 그리고 바람도 피곤한 줄 모르고 어떤 때는 남풍이 불다가 어떤 때는 북풍이 불고 어떤 때는 회오리바람이 부는 것입니다. 어떤 때는 태풍을 몰고 와서 엄청난 비를 뿌려서 홍수가 나기도 하고, 어떤 때는 집을 날려버릴 때도 있습니다. 왜 자연은 늙지 않는 것일까요? 그것은 하나님으로부터 힘이 계속 공급되기 때문입니다.

그중에서 가장 신기한 것이 물입니다.

1:7, "모든 강물은 다 바다로 흐르되 바다를 채우지 못하며 강물은 어느 곳으로 흐르든지 그리로 연하여 흐르느니라"

강물은 계속해서 바다로 흘러갑니다. 그렇게 수천 년간 흘러갔으면 바다를 가득 채워야 하는데 바다는 더 이상 불어나지 않고 그대로 있습니다. 그 이유가 무엇일까요? 그것은 엄청난 바닷물이 증발해서 구름이 되기 때문입니다. 그리고 강물은 따로 길이 있는 것이 아니라 어디든지 낮은 곳을 찾아서 계속 흘러갑니다. 강물은 높은 곳을 흘러갈 수 없는 것일까요? 왜 강물은 높은 곳으로 흘러가지 않을까요? 그것은 물이 가지고 있는 유연성과 지구의 중력 때문입니다.

결국 우리가 이 허무한 세상에서 자기 존재의 의미를 알려고 하면 어떻게 해야 할까요? 그것은 땅끝까지 가서라도 하나님의 말씀을 들어야 합니다. 그래서 우리 중에는 친구의 소개로 바로 말씀을 들으러 오는 사람도 있지만, 세상에서 많이 방황하다가 마지막에 하나님의 말씀을 듣고 자기 자신을 찾는 경우도 있습니다. 우리는 이제 땅끝까지 와 있습니다. 우리는 더 이상 방황할 필요가 없습니다. 우리는 여기서 말씀 속에 나 있는 길을 걸어가야 우리의 인생을 허비하지 않을 것입니다.

02

해 아래에는 새 것이 없다

전 1:8-11

요즘 사람들을 만나면 자주 '세상 살기 너무 힘들다' 든지, 아니면 '세상 사는 것이 두렵다', 또는 '죽고 싶다' 는 말을 많이 듣습니다. 그 증거로 볼 수 있는 것이 너무 많은 사람이 자살하거나 우울증으로 고생하는 것입니다. 우리가 이 세상에서 사람으로 태어나서 한평생 산다는 것은 너무나도 귀하고 값진 일입니다. 그러나 우리는 이 귀한 인생을 의미 없이 보내거나 허비하고 있습니다.

옛날에는 어린이들이 자라면서 죽으라고 공부해서 중학교, 고등학교, 대학교를 졸업해서 직장을 가지거나 결혼하는 것을 인생 목표로 삼았습니다. 그러나 요즘은 다르게 사는 학생들도 생기고 있다고 합니다. 어떤 한 여학생은 호주에서 고등학교까지 나왔는데, 대학교에 가지 않고 목수가 되어서 우리나라로 돌아와서 목수 3년차로 살아가고 있습니다. 어떤 여학생은 유명한 대학을 졸업했는데 직장에 사표를 내고 도배를 배워서 그것으로 살아가고 있습니다. 그래서 기자가 왜 좋은 대학까지 나와서 도배를 하느냐고 하니까 그 여성은 직장을 다니면 시간에 매이고 또 윗사람이 시키는 일만 하고 스트레스가 쌓이게 되는데 자기가 주인공이 되어서 인생을 사니까 만족스럽다고 했습니다. 어떤 여성은 아이를 낳았는데 회사에서 휴직도 잘 받아주지 않으니까 직장을 퇴사하고 해녀가 되어서 하루 4시간 해녀 일을 하고 아이를 키우면서 나머지 시간은 자기가 하고 싶은 일을 하면서 살아간다고 했습니다. 그런데 이런 분들의 직업 만족도를 조사해보면 90퍼센트 이상이 된다고 하는데, 자기 인생에 만족하고 살아간다는 뜻입니다. 그런데 우리나라는 고등학교 졸업생 90퍼센트가 대학에 진학하지만 대학을 졸업하고 난 후에 취업의 문이 너무 좁아서 실패한 청년들이 많다고 합니다.

현대 의술이 발달하면서 우리 주위를 보면 노인들이 많습니다. 그런데 많은 노인이 인생의 의미를 찾지 못해서 매일 똑같은 생활을 하든지 재미없는 인생을 사시는 모습을 볼 수 있습니다. 사람이 살아가면서 사는 의욕을 느끼지 못하고 지겹다고 생각하는 것은 새로운 것이 없기 때문입니다. 심지어는 어린아이도 똑같은 이야기를 자꾸 해주면 듣기 싫어합니다. 하물며 어른은 어떻겠습니까?

우리가 청소년기에는 세계문학작품이나 영화 같은 것을 밤을 새우면서 보고, 셰익스피어의 작품이나 《데미안》이나 《좁은 문》 같은 작품을 마치 종이에 빨려 들어가듯이 읽곤 했습니다. 그러나 이제는 그런 작품들이나 영화가 재미없습니다. 이미 옛날에 다 읽었고 또 어떤 것은 몇 번씩이나 읽었기 때문입니다. 옛날에는 〈사운드 오브 뮤직〉이나 〈무기여 잘 있거라〉, 〈바람과 함께 사라지다〉 같은 영화를 너무 감동적으로 보았지만 지금은 그렇게 재미있게 관람하지 않습니다. 스토리를 다 알고 있고 이미 옛날에 다 보았기 때문입니다. 그리고 사람들은 변화를 좋아합니다. 무엇인가 자꾸 바뀌고 변하는 것은 보고 있어도 싫증이 나지 않지만, 매일 똑같은 것만 보고 있으면 재미가 없고 싫증 나는 것입니다.

솔로몬은 하나님의 축복을 받아서 다른 어느 누구보다 지혜가 많았고 재물이 많았습니다. 그는 세계에 남을 만한 성전과 왕궁을 지었습니다. 그러나 그는 인생에 만족하지 못하고 부인을 천 명이나 두었습니다. 이것은 요즘으로 치면 미인을 수집하는 것이고 육체의 정욕에 빠져서 사는 것이었습니다. 그러나 그는 그것으로도 만족하지 못해서 "인생은 헛되고 헛되며 헛되고 헛되도다"라고 말을 하고 있습니다. 여기서 헛되다는 말은 지루하고 재미가 없고 살아야 하는 목적을 모르겠다는 뜻입니다. 그 이유를 솔로몬은 곰곰이 생각해 보았습니다.

첫째는 인생을 살다 보니까 새로운 것이 없다는 것입니다. 그리고 두 번째는 인간 자신이 계속 새로운 것을 찾기에는 그럴만한 힘이 없다는 것입니다. 결국 인간은 늙어가면서 기운이 약해지고 호기심이 없어지고 집중력이 떨어지기 때문에 옛날처럼 새로운 것을 파고 들 수 없는 것입니다. 그리고 세 번째로 자기가 죽고 난 후에 사람들이 자기를 잊어버리고 자신의 존재가 없어지는 것을 두려워하고 있다는 것입니다. 만약 어떤 사람이 자기가 죽어도 자기의 이름이 영원히 남는다면 죽는 것도 두려워하지 않을 것입니다. 그러나 자기가 죽고 난 후에도 세상은 변함없이 흘러가고 사람들은 일상을 살아갈 것을 생각하면 자기 자신이 없어지는 것에 대하여 너무나도 두려움을 느끼게 된다는 것입니다.

1. 해 아래에는 새 것이 없다

1:9. "이미 있던 것이 후에 다시 있겠고 이미 한 일을 후에 다시 할지라 해 아래에는 새 것이 없나니"

솔로몬은 우리가 이 세상에 살면서 인생에서 의미를 찾지 못하는 이유는 이 세상에 있는 것들은 모두 새 것이 없기 때문이라고 했습니다. 즉 모든 것이 그렇고 그렇기 때문에 신선하지 않고 재미가 없다는 것입니다. 물론 우리가 어렸을 때는 모든 것이 새롭고 신기해서 너무나도 재미를 가집니다. 그래서 어린아이들이 어린이집에 들어가기 전에 등에 메는 가방을 사주면 너무 신기해서 하루 종일 그 가방을 메고 다니기도 합니다. 그러나 나이가 들면 아주 새로운 곳이 아니면 가려고 하지 않습니다. 그런 데는 옛날에 다 가보았기 때문입니다.

옛날에는 전화가 참 귀했습니다. 그래서 전화할 일이 있으면 공중전화기 앞에 줄을 서서 기다리다가 전화하곤 했습니다. 그때 전화를 좀 오래 하면 전화비가 많이 나온다고 어른들이 야단을 치시곤 했습니다. 그러다가 핸드폰이 나왔습니다. 처음에 저는 집에 있는 전화도 전화비가 많이 든다고 잘 사지 않았던 사람들이 핸드폰을 많이 사겠는가 생각했는데, 현실은 완전히 반대였습니다. 청년들은 부모의 간섭을 받지 않고 어디서든지 마음껏 통화를 할 수 있으니까 핸드폰이 폭발적인 인기를 끌게 되었습니다. 그러다가 스마트폰이 나오게 되었습니다. 거의 모든 사람이 다 핸드폰을 사용하고 있고 심지어 어린이들까지도 스마트폰으로 게임을 하느라고 전부 다 가지게 되었습니다.

사람들은 모두 새로운 것을 찾고 변화를 추구합니다. 그래서 변화하지 않는 기업이나 사람은 도태되고 맙니다. 우리가 이 세상을 살아가면서 하루하루가 새롭다면 내일이 기대될 것이고 살아가는 자체가 너무나도 재미있을 것입니다.

1:10. "무엇을 가리켜 이르기를 보라 이것이 새 것이라 할 것이 있으랴 우리가 있기 오래 전 세대들에도 이미 있었느니라"

박쥐는 어두운 굴속을 날면서 전파를 쏘아서 어둠 속에서도 부딪치지 않습니다. 여기서 레이더가 나오고 소나가 나오게 되었습니다.

또 불도저나 탱크에 쇠로 된 무한궤도 바퀴를 쓰는데, 이것은 뱀이 기어갈 때 비늘을 눕히는 데서 배운 것입니다. 비행기가 착륙하는 것을 보면 그야말로 오리나 계절 새들이 물에 내리는 것과 같은 자세입니다. 인간에게는 새로운 것이 없고 변화가 어렵습니다. 그래서 이미 있는 것을 가지고 서로 차지하려고 하니까 매일 싸우는 것입니다.

그런데 성경에 놀라운 말씀이 있습니다. 그것은 우리가 날마다 새로워질 수 있다는 것입니다. "그러므로 우리가 낙심하지 아니하노니 우리의 겉사람은 낡아지나 우리의 속사람은 날로 새로워지도다"(고후 4:16). 우리도 인간이기 때문에 나이가 들면 늙어지게 됩니다. 그러나 우리의 속사람은 절대로 늙지 않고 날로날로 더 젊어지고 새로워지고 신기해진다는 것입니다.

그리고 본문 전도서에서도 "해 아래에는 새 것이 없나니"라고 했으니, 해 위에는 얼마든지 새로운 것이 있다는 것입니다. 그래서 우리가 이 세상에 있는 것을 추구하면 언젠가는 지겨워지고 삶의 의미를 잃을 수밖에 없지만 하나님을 찾으면 날로날로 젊어지고 새로워지게 된다는 뜻입니다.

그런데 정말 우리는 젊어지고 새로워지고 있습니까? 우리는 이것을 잘 느끼지 못할 수도 있습니다. 그러나 예수 믿지 않는 친구들과 우리를 비교해보면, 그들은 확실히 술 마시고 담배 피우고 욕이나 하는 옛날 고물인데 비하여 우리는 더 깨끗해지고 더 생각이 젊어지고 무엇인가 새로운 것을 추구하고 있는 것을 느낄 수 있습니다. 하나님의 말씀은 항상 새롭기 때문입니다. 하나님의 말씀은 아무리 읽어도 새롭고 아무리 연구해도 지겨운 줄 모르는 것입니다.

2. 사람의 권태

1:8. "모든 만물이 피곤하다는 것을 사람이 말로 다 말할 수는 없나니 눈은 보아도 족함이 없고 귀는 들어도 가득 차지 아니하도다"

전도자는 모든 만물도 똑같은 일을 하려고 하니까 피곤하다고 말합니다. 그러나 이것은 두 가지 의미로 생각할 수 있습니다. 즉 해가 매일 동쪽에서 떠서 서쪽으로 지고, 강물이 항상 똑같이 흘러가니까 지루하다고 볼 수도 있지만, 사실은 인간이 매일 똑같은 태양을 보고 매일 똑같은 강물을 보니까 지루하고 권태를 느낀다고 말할 수 있습니다. 즉 이것은 인간이 지루하게 느낀 것입니다. 그래서 눈은 자꾸 똑같은 것을 보면 볼수록 지루하고 피곤하며, 귀는 자꾸 똑같은 소리를 들으면 들을수록 짜증이 나고 어떤 때는 분노가 치밀어 오르기도 합니다.

사람은 변화가 없이 똑같은 것을 반복해서 하게 되면 재미가 없어지고 권태가 생기게 됩니다. 어렸을 때는 모든 것이 새롭기 때문에 호기심이 많습니다. 그래서 항상 무엇인가 새로운 것이 있으면 자꾸 해보려고 합니다. 청소년 때에는 이성의 몸의 차이에 대하여 관심을 많이 가져서 이성의 몸 그림이나 사진 같은 것을 보려고 하고 어떤 아이는 야동을 보다가 선생님이나 부모님에게 들켜서 야단맞기도 합니다. 그리고 청년기에는 정말 이성에 대하여 뜨거운 감정이 있어서 이성을 만나려고 하고 사랑에 빠지려고 노력하기도 합니다. 그러나 인생의 중반기부터는 모든 일에 권태가 생기게 됩니다. 그래서 공부도 시시하고 연애도 시시하고 직장에서 일하는 것도 매일 똑같은 것만 반복하기 때문에 시시해지게 됩니다.

결국 사람은 정상에 올라가면 거기서 없어지든지 아니면 더 높은 곳으로 올라가야 하는데, 더 높은 데 올라가려고 하다가 실패해서 인생을 망치기도 하고, 높은 데서 내려오지 않으려고 하지만 자동적으로 다음 사람에게 밀려서 내려오게 되는 것입니다.

사람이 권태에 빠졌을 때 가장 이른 시간 안에 만족을 누리는 것이 있는데, 그것은 모두 죄를 짓는 것입니다. 즉 술을 마시고 폭력을 행사하든지 아니면 성적으로 타락한다든지 아니면 다른 사람에게 폭언하고 괴롭히는 것입니다. 또 요즘 사람들은 너무 삶의 변화가 없으니까 앞으로도 그럴 것이라 생각해서 자살하는 경우도 많습니다. 더욱이 사람들은 죽음을 너무 두려워합니다. 그러나 사실 사람이 나이 들어가는 것은 삶의 자연스러운 한 부분이고 죽는 것은 한순간입니다. 그러나 사람은 죽음을 대비해서 돈이 있어야 하고 명예가 있어야 한다고 생각하는 것입니다.

"눈은 보아도 만족함이 없다"고 했습니다. 사람들이 쓴 책이나 영화가 대단한 것 같지만 많이 보면 결국 지겹게 됩니다. 그리고 다른 사람이 같은 말을 너무 많이 하면 화가 나게 되고 나중에는 그것이 잔소리가 되는 것입니다. 이런 병에 빠지지 않는 방법은 딱 하나가 있습니다. 그것은 바로 내 마음에 성령이 임하고 교회에 부흥이 일어나는 것입니다. 부흥은 많은 교인에게 한꺼번에 성령이 임하는 것인데 이때는 지겹지 않습니다. 그때는 같은 사람의 설교를 들어도 지겹지 않고 같은 찬송을 들어도 눈물이 납니다. 그리고 그때 있었던 감동은 너무나도 생생해서 아무리 나이가 들어도 잊히지 않습니다. 그리고 그렇게 은혜를 받았던 체험은 평생 마음에 남아서 마음을 부패하지 않도록 지켜줍니다.

3. 자기 이름을 남기고 싶은 욕망

1:11. "이전 세대들이 기억됨이 없으니 장래 세대도 그 후 세대들과 함께 기

억됨이 없으리라"

사람이 죽으면 자기가 가지고 있는 것이나 사랑하는 모든 사람과 영원히 헤어지게 됩니다. 그러나 가장 약이 오르는 것은 내가 만일 죽었을 때 사람들은 며칠 동안은 나를 위해서 눈물 흘리겠지만 그러고 나서는 모두 자기 생활로 돌아가서 세상은 똑같이 흘러간다는 것입니다. 그리고 나를 더 이상 기억하지 못하고 나라는 존재 자체를 잊어버릴 것입니다. 이 세상에 수십억 내지는 수백억의 사람들이 살다가 죽었지만 다른 사람에게 기억되는 사람은 너무 소수이고 그중에서도 좋은 이미지로 기억되는 사람들은 너무나도 적습니다.

음악가 중에서는 모차르트나 베토벤 같은 사람이 기억될 것입니다. 그러나 막상 그들의 생애는 그렇게 행복한 삶이 아니었습니다. 모차르트는 가난했고 바람둥이였으며, 베토벤은 청각장애가 생겨서 자기가 작곡한 합창이 연주되는 것을 지휘하면서도 듣지 못했습니다. 또《바람과 함께 사라지다》를 쓴 마가렛 미첼은 표절 시비로 많은 고통을 받았고, 또 후편을 쓰지 않는다고 비난받다가 나중에 교통사고로 죽었습니다.《빨간 머리 앤》을 쓴 루시 몽고메리는 어렸을 때 어머니가 돌아가셔서 외조부모 집에서 자라야 했고, 아버지는 나중에 재혼해서 루시를 불렀지만 새 엄마는 그를 식모처럼 일을 시켰다고 합니다. 그와 결혼한 남편은 목사였지만 우울증 환자였고, 그가 그렇게 사랑했던 큰아들은 너무 애를 먹이고 골치 아픈 존재였습니다.

또 반 고흐 같은 화가는 '해바라기' 나 '별이 빛나는 밤' 같은 마치 살아서 움직이는 것 같은 그림을 그렸지만, 그는 한평생 그림을 팔지 못해서 동생의 도움에 의지해서 살아야 했습니다. 그는 우울증이 심해서 자기 귀를 잘라버리기도 했습니다. 그리고 정신 병원에 오래 있으면서 나중에 권총으로 자살하는데 그것도 심장을 제대로 맞추지 못해서 며칠 동안 고생하다가 죽습니다. 그래서 그는 자기는 죽는 것

하나도 제대로 하지 못하는 쓸모없는 인간이라고 자책하기도 했습니다. 그러나 지금은 반 고흐만큼 유명한 화가도 드물 것입니다. 결국 사람들은 이 세상에서 성공함으로 유명해지고 싶고 자기 이름을 남기고 싶어 하지만 인간의 정욕을 이기지 못해서 성공한 인생까지 다 망치고 마는 것입니다.

그러나 성경에는 우리의 이름이 없어지지 않는 방법을 가르쳐주고 있습니다. 그것은 "믿음, 소망, 사랑, 이 세 가지는 항상 있을 것인데 그 중의 제일은 사랑이라"(고전 13:13)는 말씀에서 찾을 수 있습니다. 우리가 하나님을 믿는 '믿음' 으로 사는 인생은 없어지지 않습니다. 성공을 목적으로 하지 않고 하나님을 믿고 말씀을 믿는 믿음으로 산 인생은 없어지지 않습니다. 또 '소망' 은 미래를 바라보는 것을 말합니다. 현재에 모든 것을 다 누리지 않고 미래를 위하여 모든 것을 아끼는 것입니다. 성경에는 눈물로 씨를 뿌리는 자는 기쁨으로 단을 거둘 것이라고 했습니다(시 126:6). 지금 이 세상에서 자신의 에너지를 다 허비하지 않고 미래를 위하여, 하나님의 나라를 위하여 에너지를 쓰는 사람은 그 이름이 남을 것입니다.

그런데 그중에서 제일은 '사랑' 이라고 했습니다. 사랑은 다른 사람을 위해서 자기 정욕을 죽이고 죄짓지 않고 자기 인생을 포기하는 것을 말합니다. 이런 사람의 이름은 아름다운 이름으로 영원히 남게 될 것입니다. 이 세상에는 영원한 것이 없습니다. 해 아래에는 새 것이 없습니다. 그러나 태양 위를 바라보면 만족이 있고 새 것이 있습니다.

03

인간의 노력

전 1:12-18

얼마 전에 우리나라 사람들이 가장 좋아하는 시인 윤동주에 대한 책을 읽었습니다. 윤동주 시인은 만주에 있는 용정 옆에 있는 명동이 고향인데, 그곳은 일찍 복음이 들어와서 교회가 있는 곳이었습니다. 윤동주 시인은 키가 크고 아주 잘생긴 얼굴에 지성적인 이미지를 가진 사람이었습니다. 그의 시 '별 헤는 밤' 은 가슴이 시리도록 아름다운 시라고 할 수 있습니다. 그의 '서시' 에서는 '죽는 날까지 하늘을 우러러 한 점 부끄럼이 없기를, 잎새에 이는 바람에도 나는 괴로워했다. 별을 노래하는 마음으로 모든 죽어가는 것을 사랑해야지...' 를 노래하고 있습니다. 물론 윤동주 시인이 연희 전문을 졸업한 것을 보면 공부도 잘한 것을 알 수 있지만 그는 천재적으로 공부를 잘한 사람은 아니었습니다. 오히려 그와 함께 감옥에서 죽었던 고종사촌 송몽규는 교토 대학을 다녔지만 윤동주는 교토 대학에 시험을 쳤다가 떨어져서 동경 입교 대학을 다니다가 경도의 동지사 대학으로 옮겼다고 합니다. 윤동주 시인은 후쿠오카 감옥에서 젊은 나이로 비참하게 죽었습니다. 그가 죽고 난 후 한 달 뒤가 되어서 일본 감옥에서는 윤동주가 죽었다고 하면서 시체를 가져가라고 통보했습니다. 윤동주는 수재는 아니었지만 '별 헤는 밤' 이라는 최고로 아름다운 시를 남긴 시인이었습니다.

살아 있을 때는 그렇게 멋있고 지성적이고 대단한 존재인 인간이라도 딱 숨이 넘어가고 죽고 난 후에는 움직이지도 못하고 표정도 무섭고 썩어 들어가는 한 줌의 흙덩어리에 불과한 것입니다. 어쩌면 윤동주 시인은 '별 헤는 밤' 이라는 아름다운 시를 쓰기 위해서 이 세상에 태어났다가 죽은 것 같다는 생각이 듭니다. 우리가 살아있다는 것은 엄청나게 대단한 것입니다. 우리는 살아 있기 때문에 무엇이든지 다 할 수 있습니다. 그러나 우리가 무엇을 위해서 살아야 할지는 알지 못하고 있습니다. 반대로 인간이 죽어버리면 아무것도 아닌 존재밖에 되지 않는 것입니다.

우리가 주위를 돌아보면 두 가지 체계가 있는 것을 볼 수 있습니다. 그 하나 중 자연은 순환하고 반복한다는 사실입니다. 봄, 여름, 가을, 겨울이 반복되고, 아침에 떴던 해가 저녁에는 지지만 다음 날 아침이 되면 다시 떠오릅니다. 시냇물은 계속 흐르고 높은 산은 늘 그 자리에 있습니다. 거기에 비해서 인간은 태어나서 자라면 청년이 되고 어른이 된 후에 늙으면 누구나 다 죽습니다. 즉 인간은 딱 한 번만 이 세상에 살 수 있습니다. 우리는 딱 한 번밖에 없는 너무나도 귀한 인생을 살아가고 있는 것입니다. 그러나 우리는 이 세상에 무엇을 남길 것인지 그리고 무엇을 위해서 살 것인지 모르는 채 하루하루를 살아가고 있는 것입니다. 제가 대학 다닐 때 교수님은 하루하루를 살아가는 것은 하루하루를 죽어가는 것과 같다고 했습니다. 그만큼 우리에게 남은 시간이 하루하루 줄어들고 있기 때문입니다.

우리가 인생의 문제에 대하여 복잡하게 생각할 수밖에 없는 이유는 딱 두 가지입니다. 하나는 우리가 늙어간다는 것입니다. 우리는 늙어가면서 얼굴에 주름도 생기고 허리도 굽어지며 모든 기능이 약해지고 힘이 없어지게 됩니다. 그리고 또 하나는 우리는 언젠가 모두 죽는다는 사실입니다. 죽는 것은 나 자신이나 그 사람이나 이 세상에서 없어지는 것을 말합니다. 다른 것은 다 그대로인데 이 세상에서 나라는 존재가 없어지는 것입니다.

어린아이들이 태어나서 자라는 것은 정말 소망이 있고 미래가 있는 좋은 일입니다. 그들은 하루하루 자라고 하루하루 더 멋있어지고 무엇이든지 할 수 있을 것 같습니다. 그러나 모든 사람의 문제는 늙어간다는 것입니다. 그래서 모든 사람은 자신이 늙어가는 것에 대하여 한탄하고 있습니다. 그리고 할 일이 없어서 그냥 하루하루를 살아갈 때가 많습니다.

그런데 사람이 죽는 것을 생각하면 특히 내가 죽어서 없어지는 것을 생각하면 기가 막힐 수밖에 없습니다. '이 세상에 나라는 존재가 없어지다니. 그리고 나의 가족이나 자식들을 다시는 볼 수 없다니. 사람들이 아무도 나의 존재를 생각하지 않는다니.' 이 얼마나 외롭고 섭섭하고 안타까운 일입니까? 그래서 결론적으로 말하면 인간은 늙는 것과 죽는 것 때문에 걱정하고 두려워하고 불안해하는 것입니다. 우리는 이 세상 사는 동안 무엇을 해야 후회하지 않고 참으로 가치 있는 일을 하면서 살 수 있을까요?

1. 좋은 조건에서 태어난 사람들

이 세상에서 정말 좋은 조건에서 태어난 사람들이 있을 것입니다. 예를 들어서 집이 엄청나게 돈이 많다든지, 부모가 모두 의사라서 공부하는 데는 전혀 어려움이 없다든지, 또 엄청나게 뛰어난 좋은 머리를 가지고 태어났다든지 하는 사람은 남들보다 훨씬 유리한 입장에서 살아갈 수 있을 것입니다.

그런데 이 세상에서 그 누구보다 가장 좋은 조건에서 태어나고 자란 사람이 있었습니다. 그 사람은 바로 솔로몬이었습니다. 솔로몬은 이스라엘의 왕자였고 그에게 돈이나 재물은 무지무지하게 많았습니다. 더욱이 솔로몬은 그 지혜가 이 세상의 어떤 사람도 따라올 수 없을 정도로 머리가 좋았습니다. 솔로몬은 스바 여왕이 아무리 어려운 문제를 가지고 질문해도 거침없이 대답했는데 하나도 틀린 것이 없다고 했습니다(왕상 10:3). 솔로몬은 머리도 엄청 좋았고 집안에 돈도 많았고 신분도 왕자였고 나중에는 왕이 되었습니다.

그러나 그는 어떻게 살았습니까? 솔로몬이 젊었을 때는 하나님의 성전을 지었고 하나님의 말씀을 연구하여 잠언이나 아가나 전도서 같은 뛰어난 말씀을 남겼습니다. 그러나 그가 나이가 들면서는 이 모든 것에 회의를 느껴서 결국은 정욕에 빠지고 말았습니다. 그래서 무려 일천 명의 여자를 부인이나 첩으로 맞이해서 살다가 죽었습니다. 우리가 이것을 보면 솔로몬은 정말 좋은 환경에서 태어나고 자랐는데, 그가 하나님을 잘 섬길 때는 좋은 인생을 살았지만, 하나님을 멀리했을 때는 그 좋은 조건도 아무 소용이 없이 허무하게 살다가 죽었다는 것을 알 수 있습니다.

그는 이런 말을 했습니다.

1:12-14. "나 전도자는 예루살렘에서 이스라엘 왕이 되어 마음을 다하며 지혜를 써서 하늘 아래에서 행하는 모든 일을 연구하며 살핀즉 이는 괴로운 것이니 하나님이 인생들에게 주사 수고하게 하신 것이라 내가 해 아래에서 행하는 모든 일을 보았노라 보라 모두 다 헛되어 바람을 잡으려는 것이로다"

전도자는 이스라엘의 왕자였고 나중에는 왕이었습니다. 그는 하나님으로부터 최고의 지혜를 받은 사람이었습니다. 솔로몬은 지혜가 있는 왕으로 모든 신하나 백성이 한평생 하는 수고를 유심히 보았습니다. 그런데 그가 내린 결론은 두 가지였습니다. 하나는 모든 인간은 헛된 수고를 하고 있다는 것입니다. 그리고 또 하나는 그 결과 그들은 바람을 잡으려고 하는 것처럼 아무것도 손에 가진 것이 없다는 것이었습니다.

헛된 수고를 한다는 말은 헛수고라는 뜻인데, 예를 들어서 어떤 사람이 농사를 짓는다고 하면서 아무 땅이나 파면 그것은 헛수고입니다. 또 어떤 사람이 화살을 쏜다고 하면서 허공에 대놓고 아무렇게나 쏜다면 그것은 아무 소용이 없고 잘못하면 그 화살이 자기에게 도로 날아와서 맞을 수도 있습니다.

그리고 바람을 잡으려는 것과 같다는 것은 어떤 사람이 바람을 잡으려고 공기를 움켜쥐었는데 손을 펴 보니까 아무것도 없다는 것입니다. 결국 인간은 인생의 목표를 모르고 닥치는 대로 노력을 하고 그 결과 나중에는 아무것도 남지 않는 것입니다.

그런데 솔로몬보다 훨씬 못한 환경에서 생활했지만 엄청난 결과를 남긴 사람이 있습니다. 그는 바로 모세입니다. 모세의 엄마는 모세를 몰래 키우다가 죽으면 죽고 살면 살 것이라고 해서 갈대 상자에 넣어서 강에 있는 풀 속에 두었는데 마침 바로의 공주가 그를 보고 입양해서 자기 아들로 삼았습니다. 물론 이때부터 모세가 사십 세 될 때까지 그의 전성기라고 볼 수 있습니다. 그는 애굽의 학문을 배웠습니다. 그러나 그는 자기 출생의 비밀을 알고 난 후 매 맞고 있는 이스라엘 사람 하나를 도우려고 하다가 애굽의 노예 감독관을 죽이고 도망자 신세가 됩니다.

모세는 그 후 사십 년 동안 인생의 목표를 찾아서 미디안 광야를 방황했습니다. 그의 목표는 살아있는 하나님의 말씀을 듣는 것이었습니다. 그는 드디어 불타는 떨기나무에서 하나님의 말씀을 듣게 됩니다. 그리고 그는 애굽에 돌아와서 애굽에 열 가지 재앙을 내리고 홍해를 갈라지게 한 후 이스라엘 백성을 가나안으로 인도하게 됩니다. 그는 120살이 되어서 느보산 위에 걸어 올라가서 거기서 죽습니다. 참으로 장렬한 죽음이었습니다.

그래서 사람이 이 세상에서 헛된 수고를 하지 않으려면 삶의 목표를 분명히 알아야 하고 죽을 때 깨끗하게 죽어야 하는 것입니다. 그러나 이 세상을 더럽게 살다가 죽는 사람도 많이 있습니다. 많은 여성에게 아픔을 주거나, 권력을 가지고 엄청난 돈을 끌어 모았지만 다 쓰지도 못하고 죽는 사람들이 많은 것입니다. 우리가 하나님의 말씀을 목표로 하고 하나님의 손에 붙잡힌 인생을 살면 그 인생은 헛되지 않습니다.

2. 굽은 것을 바로 펴기

1:15. "구부러진 것을 곧게 할 수 없고 모자란 것도 셀 수 없도다"

이 세상에서 잘못된 것을 바르게 한다는 것은 참 어려울 때가 많습니다. 한창 개혁을 일으킬 때는 무엇인가 바로 되는 것 같지만 조금 시간이 지나고 나면 어느새 처음 옛날 것으로 돌아가 있기 때문입니다. 예를 들어서 나무 같은 것은 처음부터 굽어서 자라면 나중에 똑바르게 하기가 어렵습니다. 만일 힘을 주어서 나무를 펴려고 하면 부러지고 말 것입니다. 요즘 많이 이야기하는 사람 중에 사이코패스가 있습니다. 이들은 도무지 사회에 적응하지 못하고 외로운 늑대처럼 살아가는 사람입니다. 어떤 사람이 사이코패스의 특징에 대하여 적어 놓았는데, 우선 다른 사람에 대하여 선동적이고, 두 번째는 마음이 냉담해서 다른 사람의 입장은 일절 생각하지 않고, 세 번째는 거짓말을 밥 먹듯이 하고, 네 번째는 사회나 다른 사람에 대하여 적대적이고, 다섯 번째는 충동적이어서 어디로 튈지 예측할 수 없다고 했습니다.

그런데 사회나 종교도 한번 굽어버리면 바로 펴기가 너무 어렵습니다. 종교개혁도 하나님의 말씀을 무시하고 교황 한 사람에 의해서 모든 교회가 다스려지던 때에 마틴 루터가 95개조를 가지고 대항해서 일어난 것입니다. 그러나 지금은 개신교 안에서 그 옛날 교황에 의해서 이루어졌던 정치가 그대로 이루어지고 있는 것을 보게 됩니다. 구부러진 쇠는 망치질을 하면 펼 수 있지만 나무는 펼 수 없습니다. 사람도 구부러진 사람은 정말 펴기가 힘이 듭니다. 이런 사람은 모든 것을 부정적으로 보고 남에게 상처 주고 망하게 해야 직성이 풀리는 것입니다.

"모자란 것도 셀 수 없도다"라고 했습니다. 모자란 것은 목표에 도달하지 못하는 것을 말합니다. 학생은 커트라인을 넘어야 대학에 합격할 수 있습니다. 그런데 사람에게 가장 부족한 것이 무엇입니까? 물론 돈일 수 있고 학벌일 수도 있습니다. 그러나 여기서 중요한 것은 하나님의 수준입니다. 우리 모든 인간은 하나님의 수준에 비추어보면 너무 모자라는 것밖에 없습니다. 이것은 우리 힘으로는 도저히 채울 수 없고 이것을 채울 수 있는 분을 찾아야 합니다.

솔로몬의 인생을 보면 처음에 그가 하나님의 말씀을 붙들고 기도했을 때는 가치 있는 삶을 살았습니다. 그러나 나중에 자기 자신을 믿었을 때는 부인을 천 명이나 두고서도 만족을 할 수 없었습니다. 이미 구부러지고 이미 모자란 것은 채울 수 없었던 것입니다.

3. 인간의 노력

우리 인간은 머리가 얼마나 뛰어난지 그 모든 야생 동물을 거의 다 죽여버리고 인간만의 놀라운 문명을 만들었습니다. 백 층이 넘는 빌딩을 세우고 그 안에는 자동차보다 더 빠른 엘리베이터가 꼭대기 층을 향하여 올라갑니다. 또 사람들은 비행기를 타고 열 시간 이상을 날아가기도 하고, 텔레비전을 만들어서 지구 구석에서 일어나는 일들을 생생하게 실시간으로 볼 수 있습니다. 또 스마트폰을 만들어서 모든 정보를 알아볼 수 있고 외국에 있는 가족들과도 얼마든지 화상 통화를 할 수도 있습니다. 그리고 잠수함이나 폭격기나 핵무기 같은 엄청난 것을 만들어 가지고 있습니다.

솔로몬도 머리가 뛰어났습니다. 그래서 아마 그 당시에는 세계 최고 수준의 왕궁을 만들었고, 왕이 앉는 의자는 상아에다가 금을 입힌 것이었습니다. 그리고 왕이 한 끼 먹는 식사는 어마어마했습니다. 그런데 왕은 도저히 이해할 수 없는 것이 있었습니다.

1:16. "내가 내 마음 속으로 말하여 이르기를 보라 내가 크게 되고 지혜를 더 많이 얻었으므로 나보다 먼저 예루살렘에 있던 모든 사람들보다 낫다 하였나니 내 마음이 지혜와 지식을 많이 만나 보았음이로다"

솔로몬은 얼마나 머리가 좋았는지 유명하게 되었고 지혜를 많이 얻었습니다. 그는 자기보다 먼저 예루살렘에 왕이 되었던 사람들보다 더 지혜로웠다고 했습니다. 사실 예루살렘의 모습은 다윗이나 사울이나 그 앞에 모든 사사 때와 비교할 수 없을 정도로 집도 고상하고 길에도 돌을 깔았던 것 같습니다.

아무튼 솔로몬은 자기 앞 세대에 비해서는 예루살렘의 모습을 완전히 새롭게 바꾼 것 같습니다. 그러나 그가 아무리 노력하고 연구해도 알 수 없는 것이 두 가지가 있었는데, 하나는 미친 것이고, 다른 하나는 미련한 것이었습니다.

1:17-18. "내가 다시 지혜를 알고자 하며 미친 것들과 미련한 것들을 알고자 하여 마음을 썼으나 이것도 바람을 잡으려는 것인 줄을 깨달았도다 지혜가

많으면 번뇌도 많으니 지식을 더하는 자는 근심을 더하느니라"

여기서 "미친 것"은 '광기'라고 할 수 있습니다. 모든 인간의 마음속에는 광기가 있습니다. 평소에는 괜찮다가도 화가 나거나 환경이 나빠지면 광기가 치밀어 오르는데 이것은 도저히 이해할 수 없고 고칠 수도 없다는 것입니다. 인간이 결국 하나님을 믿어야 하는 이유는 나이가 들어갈수록 미쳐가기 때문입니다. 인간이 죄짓는 것도 다 미쳐서 죄를 짓는 것입니다. 사람을 죽이는 것도 광기가 발작하기 때문입니다. 자살도 마찬가지입니다. 이런 영적인 문제나 정신적인 문제는 솔로몬이 어떤 세상 지식으로도 알 수 없었습니다. 그러나 그의 아버지 다윗은 이미 그것을 알았습니다. 그래서 그는 시편에서 "내 영혼아, 너는 어찌하여 불안해하는고? 여호와를 바라보라"(시 42:5)고 했습니다.

또한 미련한 자에게 아무리 지혜를 가르쳐주어도 계속 미련한 이유는 무엇일까요? 그것은 바로 교육이 해야 할 일입니다. 교육은 인간을 갈고 닦아서 똑똑하게 합니다. 그러나 어떤 사람은 교활하게 만들기도 합니다. 사람이 지혜가 있으면 믿음도 있어야 하는데 지혜만 있고 믿음이 없으니까 번뇌도 많고 근심도 더 많아지는 것입니다.

우리는 이 짧은 생을 살면서 어떻게 하면 허비하지 않고 헛된 수고를 하지 않고 아름답고 영원히 남을 수 있는 인생을 살 수 있을까요? 여기에는 솔로몬의 스타일이 있는가 하면, 모세나 다윗의 스타일이 있습니다. 먼저 하나님을 잡아야 하고, 지혜와 믿음이 같이 가야 헛된 구름을 잡지 않게 됩니다.

04

행복을 찾는 사람

전 2:1-3

우리는 이 세상을 딱 한 번만 살 수 있습니다. 전도자가 발견한 것이 바로 이것입니다. 시냇물은 계속 흐르고 해는 동쪽에서 떠서 서쪽으로 지고 산은 그대로 있지만, 인간은 딱 한 번만 이 세상을 살 수 있다는 것입니다. 그런데 사람들은 이 세상에서 행복하기를 원합니다. 모두 행복하려고 돈을 벌고 공부하고 예쁜 사람을 찾는 것입니다. 우리가 이 세상에 사는 기간은 길다고 보면 길고, 짧다고 보면 짧은 기간입니다. 즉 하루하루를 생각하면 인생이 늙지도 않고 변하지도 않고 긴 인생인 것 같은데, 십 년 단위로 생각하면 사람은 확확 늙어가고 인생이 너무 짧다는 것을 알게 됩니다.

그런데 가장 행복한 인생은 어떤 것일까요? 사람들은 모두 솔로몬의 인생이야말로 가장 행복한 인생이었을 것이라고 말합니다. 솔로몬은 우선 머리가 아주 뛰어났습니다. 물론 인물도 잘생겼을 것입니다. 그는 이스라엘의 왕이었습니다. 그래서 이스라엘에서 가장 높은 사람이었고 모든 것을 자기 마음대로 할 수 있는 사람이었습니다. 솔로몬은 금이 엄청나게 많았고, 그의 곁에는 미녀들이 아주 많았습니다. 그렇다면 이 세상에서 가장 행복한 사람은 솔로몬일 것입니다.

그러나 솔로몬은 결코 자기는 행복하지 않았다고 고백하고 있습니다. 오히려 그는 전도서를 시작하면서 "헛되고, 헛되며, 헛되고, 헛되고, 헛되도다' 라고 헛되다라는 말을 무려 다섯 번이나 하고 있습니다. 그 이유가 무엇일까요? 솔로몬은 이 세상에서 그 많은 것을 가지고 있었지만 진정으로 만족하지 못했기 때문입니다. 그리고 그 역시 자꾸 늙어갔습니다. 나중에 그는 늙은 노인이 되었고 젊은 왕비들의 마음을 끌려고 그들의 신을 섬기고 우상의 신전을 세워주는 수밖에 없었습니다. 만일 솔로몬의 인생이 행복하지 않으면 도대체 어떤 인생이 행복한 것일까요?

한번은 미국의 유명한 가수 마이클 잭슨의 옛날 영국 공연을 동영상으로 본 적이 있습니다. 그때 관객이 얼마나 많이 왔는지 헤아릴 수 없었습니다. 마이클 잭슨은 공중으로 올라가는 장치로 올라가서 춤을 추면서 노래를 불렀고 관중은 열광했습니다. 그런데 마이클 잭슨은 흑인인데 성형 수술을 해서 얼굴을 백인처럼 만들었습니다. 어렸을 때는 입술이 두툼한 흑인이었는데 입술도 얇게 성형해서 백인같이 만들었습니다. 그래서 그는 항상 우산을 써야만 했습니다. 성형부작용으로 그의 피부는 햇빛이 닿으면 얼굴이 쭈글쭈글해지기 때문이었습니다. 그는 엄청나게 돈을 벌었지만 행복하지 못했습니다. 그는 어렸을 때 놀지 못했기 때문에 '어린아이는 위대하다' 는 말을 했습니다. 그러나 그는 어린이 성추행 혐의로 그동안 벌었던 돈을 다 날렸고, 또 약물 과다복용으로 죽게 됩니다.

아름다운 미인을 만나서 결혼한 왕도 행복하지 못하고, 수만 명의 관중 앞에서 열광적으로 노래를 부르고 춤을 춘 가수도 행복하지 못하다면 도대체 어떤 사람의 삶이 행복한 인생이라고 말할 수 있을까요? 인간의 삶이 결코 행복할 수 없는 가장 큰 이유는 일단 인간은 나이가 들면 늙게 되고 죽어야 한다는 사실 때문입니다. 그리고 두 번째는 인간의 욕망은 무한하기 때문입니다. 이 세상에서 아무리 많은 것을 가져도 만족할 수 없다는 것입니다. 그래서 인간은 모두 이 세상에서 잠깐 행복하다가 미완성의 인간으로 죽는 수밖에 없습니다.

과연 인간은 이 세상에서 행복을 찾을 수 없을까요? 만약 우리가 이 세상에서 행복할 수 없다면 이 세상을 살아야 할 필요가 없는 것 아닐까요?

1. 이 세상에는 행복이 있다

이 세상에는 행복이 틀림없이 있습니다. 우리가 어린아이들의 모습에서 행복한 것을 볼 수 있기 때문입니다. 어떤 병원에서 어린이 병동을 지나가게 되었습니다. 그곳에 있는 어떤 어린이는 백혈병에 걸렸는지 머리를 빡빡 밀고 어린이 병원복을 입고 손에는 링거를 달고 있었습니다. 그런데 이 어린이는 자기가 아픈 줄도 모르고 병원 소파 위에서 펄쩍펄쩍 뛰면서 재미있게 놀고 있었습니다. 그 어린이 옆에는 엄마가 앉아 있었습니다. 어린이들은 자기 옆에 엄마만 있으면 얼마든지 행복할 수 있는 것입니다.

우리는 가끔 어렸을 때 살던 곳을 찾아가 보고 싶어 하고, 어렸을 때 친구들을 만나고 싶어 합니다. 그 이유는 어렸을 때 우리는 아직 이 세상에 오염이 되지 않았기 때문입니다. 그런데 어른이 되어서 어렸을 때 놀던 곳을 가보면 그때는 모든 것이 변해 버린 모습을 발견하게 됩니다.

한번은 경기도 양수리를 간 적이 있습니다. 그 강 한쪽을 거슬러 올라가면 황순원 기념관이 있습니다. 그 기념관 뜰에 보면 그의 유명한 작품 〈소나기〉를 세트장으로 만들어놓았습니다. 작은 시내도 있고 모형 소도 있고 소녀와 소년이 비를 피했던 원두막도 있습니다. 그

소설을 보면 갑자기 내리는 소나기를 피하려고 소년은 소녀를 업고 원두막으로 갑니다. 어렸을 때 그 작품이 그렇게 감동적이었던 이유는 우리가 순수했기 때문입니다. 그런데 아무리 사랑했던 여자도 나이가 들면 늙어가게 되어 있고, 어른이 되면 현실에 오염이 되어서 순수하지 못하게 됩니다. 나이가 들면서 세상을 알게 되고 돈에 오염이 될수록 우리는 점점 더 행복하지 않게 되는 것입니다.

2. 다른 인생의 삶

우리는 지금 내가 사는 인생이 아니라 다른 인생을 살았더라면 더 행복했을 것으로 생각할 때가 많이 있습니다. 사람이 이 세상을 살면서 시험 삼아 다른 인생을 살아볼 수 있을까요? 그림을 그릴 때처럼 무엇을 그리다가 실패하면 종이를 찢어버리고 새 종이에 그림을 그리고 또 마음에 들지 않으면 찢어버리고 그렇게 인생을 살 수 있을까요?

> 2:1, "나는 내 마음에 이르기를 자, 내가 시험삼아 너를 즐겁게 하리니 너는 낙을 누리라 하였으나 보라 이것도 헛되도다"

솔로몬은 시험 삼아 여러 가지 일을 해 보았다고 했습니다. 그래서 그런 일 중에서 어떤 것이 진짜 행복한 것인지 찾아보려고 했지만, 그의 실험은 실패했습니다. 시험 삼아 사는 인생도 다른 인생과 똑같이 허무했기 때문입니다. 청년들이 군대에 가면 고생하면서 훈련받고, 총을 들고 추운 날 보초를 섭니다. 그런데 졸병들이 그 추위를 견디면서 훈련받고 보초를 서는 것은 그것이 진짜 자기 직업이 아니기 때문입니다. 그는 곧 제대하게 될 것이고 제대하고 나면 복학하거나 취직해서 돈을 많이 벌 생각을 하게 됩니다.

그런데 솔로몬이 시험 삼아 했던 일 중에서 진정으로 행복했던 순간이 있었습니다. 그것은 바로 그가 잠시 목동이 되었을 때입니다. 물론 솔로몬에게 목동 자체가 행복했던 것은 아니었지만 목동으로 있으면서 포도원에서 일하는 술람미라는 처녀를 만나게 되었습니다. 솔로몬이 예루살렘 궁전에 있었더라면 당장 소문이 났을 텐데 시골에서 목동 일을 하는 바람에 술람미 여인을 만나서 실컷 연애하게 됩니다. 그때만 해도 솔로몬은 순수했고 술람미 여인도 순수했기 때문에 그들은 참 행복했습니다. 그러나 얼마 있지 않아서 솔로몬은 예루살렘으로 올라가게 되었고 바로의 공주와 결혼하게 되었습니다. 결국 그때부터 솔로몬은 이미 순수하지 못하게 되었습니다.

여기서 우리가 알 수 있는 것은 사람이 어렸을 때는 아무것도 모르고 돈이나 명예를 보르기 때문에 순수하고 행복할 수 있지만, 어른이 되고 돈을 벌고 지위가 높아질수록 순수하거나 행복할 수 없다는 것입니다.

그래서 예수님은 "너희가 돌이켜 어린아이들과 같이 되지 아니하면 결단코 천국에 들어가지 못하리라"(마 18:3)고 하셨고, 니고데모에게는 "사람이 거듭나지 않으면 하나님의 나라를 구경할 수도 없다"고 하셨습니다. 그때 니고데모는 깜짝 놀라면서 사람이 이미 어른이 되었는데 어떻게 다시 어머니 배속에 들어가서 나올 수 있느냐고 물어보았습니다(요 3:1-15). 사도 바울은 말하기를 "그러므로 우리가 낙심하지 아니하노니 우리의 겉사람은 낡아지나 우리의 속사람은 날로 새로워지도다"(고후 4:16)라고 했습니다.

그러니까 모든 사람이 나이가 들고 공부하고 사업한다고 해서 다 세상에 오염이 되는 것은 아니라는 뜻입니다. 우리는 나이가 들면서도 얼마든지 더 순수해질 수 있고 어린아이같이 행복할 수 있습니다. 그것은 바로 우리가 신앙 안에서 살고 말씀을 들을 때입니다. 그럴 때 우리는 마음의 순수함을 유지할 수가 있는 것입니다.

2. 세상을 재미있게 사는 것

한때 사람들은 "웃으면 복이 온다"는 말을 많이 했습니다. 사람들의 얼굴에는 수십 개의 근육이 있기 때문에 사람처럼 다양한 표정을 지을 수 있거나 웃을 수 있는 짐승은 없습니다. 짐승들은 기분이 좋으면 꼬리를 흔들기도 하고, 새들은 날개를 퍼덕이기도 합니다. 그런데 사람은 기분이 좋으면 활짝 웃을 수 있습니다.

옛날에 높은 사람들은 이야기를 재미있게 하려고 집에 광대를 한 명씩 두었습니다. 그러면 광대는 지위가 아무리 높은 사람이 있어도 비꼬아서 사람들을 웃기는데 듣는 사람들은 배를 잡고 웃었습니다. 옛날에는 우리나라 탈춤도 주로 양반들을 비꼬아서 욕을 하는 것이었습니다. 그런데 그런 이야기를 듣고 배를 잡고 웃고 나면 남는 것이 별로 없습니다. 그렇게 해서 웃으면 젊어지지도 않고 오히려 얼굴에 주름만 많이 생기고 시간만 허비하고 마는 것입니다.

2:2. "내가 웃음에 관하여 말하여 이르기를 그것은 미친 것이라 하였고 희락에 대하여 이르기를 이것이 무슨 소용이 있는가 하였노라"

다른 사람을 웃기려고 하면 할 수 있는 한 자기 체면이나 자존심을 다 벗어버리고 미친 사람처럼 행동해야 합니다. 그러니까 개그맨이나 남을 웃기는 사람은 미친 사람 흉내를 내든지 아니면 잠시 미쳐야 다른 사람을 웃게 할 수 있는 것입니다. 미친 사람처럼 웃는 것보다는 정말 마음이 기뻐서 웃는 것이 진짜 웃음인데, 그런 웃음을 웃기가 힘들다는 것입니다. 일단 사람이 진정으로 웃으려고 하면 자기 마음에 맞는 사람을 만나야 합니다. 사람이 혼자서는 행복할 수 없습니다. 사람은 반드시 생각이나 감정이 자기에게 딱 맞는 사람을 만나서 진짜 아름다운 것을 보고 같은 감정을 느낄 때 웃게 됩니다. 성경은 말할 수 없는 보물입니다. 이런 것을 읽거나 듣고 같이 공감할 때 정말 기뻐서 웃게 됩니다. 왜냐하면 마음이 더 순수해지고 마음이 더 젊어지기 때문입니다.

솔로몬은 "희락"에 대하여 추구해 보았다고 했습니다. 여기서 '희락'은 기쁨을 말합니다. 사람이 가장 빨리 기쁘게 되는 방법은 술을 마시는 것입니다. 그래서 좀 기분이 나쁘다가도 뱃속에 술이 들어가면 속이 풀리면서 말을 도무지 하지 않던 사람들이 말하기 시작합니다. 그러나 술은 한잔으로 끝나는 것이 아니라 술도 마시고 안주도 먹고, 일차, 이차, 삼차를 가게 됩니다. 이렇게 술을 마시는 이유는 술이 사람을 기쁘게 하기 때문입니다. 그러나 막상 술을 마셨을 때에는 기분이 좋지만 술에서 깨고 난 후에는 후회가 남게 됩니다. 더욱이 요즘은 술 때문에 얼마나 많은 성추행이 일어나는지 모릅니다. 그래서 신세를 망치는 경우가 많은 것입니다. 음주 운전을 해서 사고를 내면 사람을 죽이는 수도 있습니다.

그리고 요즘 연예인이나 돈 많은 젊은 사람 중에 마약을 하는 사람들이 많이 있습니다. 마약은 술보다 훨씬 더 사람을 즐겁게 할 것입니다. 그러나 마약에 중독되면 금단 증세가 나타나고 폐인이 되어버리는 것입니다. 그래서 사람이 웃음 자체나 기쁨 자체를 추구하는 것은 아무것도 아니라고 했습니다. 또 남자나 여자에게 멋있게 보이는 것은 담배를 피우는 것입니다. 담배는 맛도 있을 뿐 아니라 고급 시가를 피우면 그렇게 멋있을 수 없습니다. 그러나 그 결과는 폐암입니다. 또 요즘 젊은이는 할리데이비슨이라고 하는 오토바이를 많이 탑니다. 그런 오토바이를 타고 달리는 것은 정말 멋있고 신나 보이지만, 한번 넘어지면 죽든지 중상을 입습니다.

이런 일시적인 희락으로 얼마나 기쁨을 누릴 수 있을까요? 아마도 그렇게 느끼는 기쁨은 너무 비싸지만 가벼운 기쁨이고, 시간이 지나면 그 기쁨은 없어질 것입니다.

3. 인생의 멋을 찾는 사람들

사람들은 모두 멋있는 사람이 되기를 원합니다. 물론 사람이 멋있게 보이기 위해서는 좋은 옷을 입고 좋은 보석을 걸치면 될 것입니다. 그러나 무엇보다 공부를 잘해서 좋은 학교를 나오는 것이 멋있는 것입니다. 그래서 누구나 다 공부를 꼭 해야 합니다. 사람은 태어난 그대로는 예의도 모르고 다른 사람들과 어울리지도 못하고 자기 멋대로 살기 때문입니다. 사람이 공부한다는 것은 대리석을 깎아서 조각을 만드는 것과 같습니다.

조각의 대가 로댕은 〈생각하는 사람〉을 조각했습니다. 한 남자가 쪼그리고 앉아서 주먹으로 턱을 괴는 모습인데 생각하기에는 아주 불편한 자세라고 합니다. 그것은 로댕의 대작 '지옥문' 의 위에 있는 작품입니다. 로댕이 한평생 만든 작품들은 모두 '지옥문' 에 들어가는 작품이었던 것입니다. 그러나 그는 다른 작품도 많이 만들었습니다. 남자와 여자가 서로 입을 맞추는 작품도 만들었고, 여자가 엎드려 있는 〈다나이드〉라는 작품은 그 머리카락 한 올, 한 올이 마치 살아있는 사람처럼 생생하게 만들었습니다. 그런데 그런 조각 작품은 아무리 잘 만들어도 대리석 조각이라는 사실입니다. 아무리 유명한 조각가가 만든 걸작이라도 손을 대어보면 차갑고 딱딱하고 움직이지 않는 대리석일 뿐 결코 피가 통하거나 살아있는 인간이 아닙니다.

2:3. "내가 내 마음으로 깊이 생각하기를 내가 어떻게 하여야 내 마음을 지혜로 다스리면서 술로 내 육신을 즐겁게 할까 또 내가 어떻게 하여야 천하의 인생들이 그들의 인생을 살아가는 동안 어떤 것이 선한 일인지를 알아볼 때까지 내 어리석음을 꼭 붙잡아 둘까 하여"

사람은 모두 완전한 존재가 되기를 바랍니다. 그래서 수양을 쌓고 공부를 하기를 원합니다. 그러나 그렇게 애를 써도 딱딱한 돌덩어리이지, 살아있는 사람이 아닌 것입니다. 그는 "내 어리석음을 꼭 붙잡아 둘까" 했다고 합니다. 즉 할 수 있는 한 바보 같은 짓을 하지 않고 똑똑한 체하려고 했다는 것입니다. 그러나 그러면 그럴수록 더 차가워지고 위선적인 인간이 되었던 것입니다. 그런데 이런 지식인들도 술만 들어가면 마치 개가 되어서 미친 짓을 하게 되는 것입니다.

그래서 진정으로 행복해지는 방법은 예수님이 말씀하신 대로 "이웃을 행복하게 하는 것이 자기가 행복해지는 비결"입니다. 우리가 다른 사람을 행복하게 하려고 살면 자기 자신이 행복하게 됩니다. 다른 사람의 병을 고치고 다른 사람의 영혼을 살리고 남을 위해서 봉사할 때, 자기가 로댕의 작품보다 더 비싼 가치 있는 사람이 되는 것입니다.

그리고 우리의 정신이나 마음이 늙어지면 안 됩니다. 우리의 마음이 젊어야 순수할 수 있고 그때가 가장 행복할 것입니다. 우리는 좋은 책을 읽어야 하고 특히 성경을 사랑해야 합니다. 성경을 사랑하면 할수록 우리는 더 순수해지게 됩니다. 바울 사도는 돈을 사랑하는 것이 일만 악의 뿌리라고 했습니다(딤전 6:10). 사람은 다른 사람과의 만남을 통하여 행복을 느끼게 됩니다. 그래서 사람이 같은 생각을 가지고 같은 것을 공감하는 것은 같은 말씀을 듣고 기뻐할 때입니다. 지금이 우리가 가장 행복할 시간입니다. 이 세상의 기쁨은 그 시간이 끝나면 기쁨도 같이 끝나지만, 하나님의 말씀은 그 효력이 영원합니다.

05

성공의 사람들

전 2:4-11

우리나라에 저명한 신학자가 있었는데, 외국에서 박사학위를 받고 한국의 한 신학교에서 교수가 되었습니다. 그분은 가르치는 것이 좋아서 신학도와 대학생들에게 인기가 높았습니다. 그러나 세월이 흐르니까 이분도 나이가 들어서 머리가 많이 빠지게 되었고 남은 머리는 하얗게 되었습니다. 어느 날 이분이 기자와 대화를 나누면서 말하기를 "내 인생을 생각해보니까 너무 세월이 빨리 흘러갔고 도대체 무엇을 했는가 하는 허무한 생각이 들었다"고 했습니다. 그런데 기자가 어떻게 그 허무감을 이겼는지 물으니까 그분은 전도서를 읽고 이길 수 있게 되었다고 고백했습니다. 우리는 이분의 말을 통해서 인생의 허무를 이기고 또 인생의 방향을 정하는 데 전도서가 얼마나 중요한지 알 수 있습니다.

겉으로는 다른 사람으로부터 인기를 끌고 유명하고 부러움을 살지 모르지만, 조용히 자기 혼자 있을 때는 나이가 들면 들수록 자기 자신에 대하여 허무한 생각이 들게 되는 것입니다. 즉 '나라는 존재는 도대체 무엇이며, 이 세상 삶을 끝나고 나면 나는 어떻게 되느냐?'

하는 의문이 생기게 된다는 것입니다. 그리고 때때로 허무한 생각이 들게 되는 것입니다. 그래서 모든 사람에게 가장 무서운 것이 외로움이고, 더 무서운 것이 죽음입니다. 사람이 나이가 들면 결국 자기 혼자만 남게 됩니다. 그리고 자기가 죽고 난 후에는 자기가 없어도 이 세상이 잘 굴러갈 것을 생각하면 굉장한 소외감을 느끼게 되는 것입니다. 또 이 세상에서 사업에 성공하고 돈을 많이 모아도 늙어버리면 그동안 한 것들이 별 의미가 없게 됩니다. 그리고 늙으면 창의력도 없어지고 힘도 없어져서 새로운 일을 할 수가 없습니다.

아마 이 세상에서 가장 행복했던 사람은 솔로몬이었을 것입니다. 그는 지혜와 돈, 왕의 권력과 명성, 여자들까지도 가지지 못한 것은 아무것도 없었습니다. 우리 생각에 솔로몬이라면 이 세상에서 행복하게 살았고, 세상은 정말 살만한 가치가 있는 곳이라고 말할 것 같은데, 막상 그는 이 세상 모든 즐거움과 행복을 다 누린 후에 "헛되고 헛되며 헛되고 헛되도다"라고 하면서 "인간이 해 아래에서 하는 모든 일은 다 헛되어 바람을 잡으려고 하는 것과 같다"고 고백했습니다. 사람이 바람을 잡으려고 아무리 손을 움켜쥐어도 잡을 수는 없습니다. 마찬가지로 이 세상에는 붙잡을만한 무엇인가 있을 것 같은데 막상 붙잡고 나서 보니까 아무것도 없다는 것입니다.

우선 솔로몬은 자기가 이 세상에서 행복한 삶을 위해서 무엇을 했는지 말하고 있습니다.

1. 사막에 포도원 만들기

요즘 우리나라에서 가장 많이 돈을 버는 사람은 아마 반도체나 전자 제품 아니면 자동차를 만드는 사람일 것입니다. 이들은 아무것도 없는 곳에 공장을 세워서 그곳에 기계를 두고 원재료를 받아와서 물건을 만들어내고 있습니다. 그런데 옛날에 가장 큰 부자는 많은 논이나 밭을 가지고 농사짓는 사람들이었습니다. 그래서 옛날에는 부자에 대하여 천석꾼 또는 만석꾼이라는 말을 붙였습니다.

그런데 우리가 알다시피 팔레스타인에 가보면 전부 모래이고 농사를 지을만한 땅이 많지 않은 것을 보게 됩니다. 그 땅은 너무 날씨가 덥고 물이 없으니까 농사를 지을 수 없는 것입니다. 그러나 솔로몬은 자기가 가지고 있는 재력과 지혜를 사용해서 이런 사막과 같은 땅에 포도원 만드는 사업을 시작했습니다. 그는 갈릴리 호수나 다른 강에서 물을 끌어오는 공사를 하고는 아주 넓은 황무지를 옥토로 만들어서 포도원으로 만드는 데 성공했습니다.

2:4-5. "나의 사업을 크게 하였노라 내가 나를 위하여 집들을 짓고 포도원을 일구며 여러 동산과 과원을 만들고 그 가운데에 각종 과목을 심었으며"

팔레스타인에 가보면 좋은 집을 지을만한 좋은 나무들이 별로 없습니다. 그래서 이스라엘에서 좋은 집을 지으려고 하면 나무나 돌들을 다른 나라에서 베거나 캐내어서 운반해 와야 했습니다. 이런 일은 돈도 많이 들 뿐 아니라 수만 명의 일꾼을 동원해야 하고 또 그것을 운송해야 했습니다. 그런데 솔로몬은 큰 집을 두 개나 짓는 데 성공했습니다. 하나는 하나님의 성전이었고, 다른 하나는 왕궁이었습니다. 여기에 사용되는 돌이나 나무들은 모두 레바논에서 바다로 뗏목을 만들어서 운송했습니다. 더욱이 하나님의 집에서는 망치 소리가 나서는 안 된다고 해서 다른 곳에서 나무들을 만들어와 성전에서는 끼우기만 했는데 정확하게 맞을 정도로 뛰어난 기술을 발휘했습니다.

그 후 솔로몬은 이스라엘에 그 거대한 황무지를 개간해서 과수원으로 만들 계획을 세웠습니다. 그래서 솔로몬은 사막과 같은 팔레스타인 땅에 갈릴리 호수나 요단강에서 물을 끌어와서 옥토로 만드는 프로젝트를 실천해보았습니다. 아마 옛날에는 호스나 파이프가 없었기 때문에 나무에 홈을 파서 물레방아 같은 것으로 물을 계속 퍼 올려서 공급하는 수밖에 없었을 것입니다. 솔로몬은 생각하는 스케일이 달랐습니다. 그는 레바논에서 좋은 나무나 돌을 캐와서 거대한 집을 두 개나 지었고, 사막과 같이 메마른 땅에 물을 공급하여 포도원을 만들 계획을 세웠습니다. 그러나 팔레스타인 땅에 물을 공급하는 것은 매우 어려운 기술이었습니다. 그런데 솔로몬은 바로 그 기술을 개발하는 데 성공한 것입니다. 그래서 솔로몬은 아주 넓은 땅을 포도원으로 만드는 데 성공했고, 그 기술을 발전시켜서 동산을 만들고 또 다른 과일나무들을 심는 데도 성공했습니다.

솔로몬은 사막에 포도원으로 만드는 데 성공한 후 동산을 만들었습니다. 여기에서 동산은 가든을 말하는데, 사람이 쉴 수 있는 공원을 말합니다. 그리고 포도 외에도 무화과나무나 올리브 나무를 심었습니다. 사람이 사는데 이런 공원이 정서적으로 얼마나 안정을 주는지 모릅니다. 솔로몬은 또 자기가 생산한 포도로 포도주를 만들어 다른 나라에 팔았습니다. 사람들은 포도원에서 일을 하고 임금을 받기도 하고 공원에서 쉬기도 했습니다.

우리나라도 '남이섬' 이라고 하면 옛날에는 밤에 청년들이 와서 모닥불을 피워놓고 캠프파이어나 하는 모래섬이었습니다. 그러나 어떤 사람이 남이섬을 산 후에는 꾸준히 나무를 심어서 숲이 있는 섬을 만들고, 또 그 섬이 드라마 〈겨울연가〉로 유명해지면서 지금은 하루에도 수만 명이 찾는 유명한 곳이 되었습니다.

그러나 솔로몬은 황무지를 포도원이나 공원으로 만든 일에 만족하지 못했습니다. 수리시설이나 포도원이나 공원은 그냥 지어놓는다고 해서 다 되는 것이 아니라 끊임없이 관리해야 유지가 되기 때문입니다. 아무리 황무지에 포도원을 만들고 공원을 만들어도 그곳에 더 많은 돈을 들여서 관리나 유지를 하지 않으면 다시 황무지로 돌아가고 말 것입니다.

2. 사람을 키우는 사업

솔로몬이 농사짓는 다음으로 생각한 것은 사람을 키우는 일이었습니다. 솔로몬이 노예를 사고팔았다면 노예장사를 해서 돈을 벌려고 인신매매를 한 것이 아닌가 생각하기 쉽습니다. 그러나 이 의문점을 풀 수 있는 것은 그다음에 종을 결혼시켜서 자식을 낳게 했다는 구절에 있습니다. 솔로몬이 사막을 포도원으로 만든 것에는 성공했지만, 그 결과는 사람들이 포도주를 마시고 술 취하거나 아니면 공원에서 빈둥거리면서 노는 일밖에 안 되었던 것입니다. 물론 솔로몬에게는 자녀들이 많이 있었습니다. 그러나 솔로몬은 이 세상에서 가장 비참하고 가난하고 밑바닥에서 사는 사람들을 사서 인간으로 만들어보자는 생각을 가졌던 것입니다. 이것은 정말 대단한 계획이었습니다.

2:7. "남녀 노비들을 사기도 하였고 나를 위하여 집에서 종들을 낳기도 하였으며 나보다 먼저 예루살렘에 있던 모든 자들보다도 내가 소와 양 떼의 소유를 더 많이 가졌으며"

옛날에는 노예들을 사서 짐승처럼 일을 시키고 또 마음에 들지 않으면 팔아서 이윤을 챙기기도 했습니다. 그래서 옛날에는 전쟁이라는 것이 노예를 잡아들이는 엄청난 수익성 사업이었습니다. 그러나 솔로몬이 생각했던 것은 단순한 노예장사가 아니었습니다. 그는 인생 밑바닥에서 짐승같이 사는 노예들을 돈을 주고 사서 어떻게 하면 자존심을 가진 인간으로 만들 수 있느냐 하는 것이었습니다. 사실 솔로몬이 이것까지 생각하게 되었다는 것은 대단히 영적인 발상입니다.

여기서 솔로몬이 이렇게 인간을 만드는 사업을 하려고 한 것은 굉장히 엄청난 생각이었고 바로 이것이 하나님께서 가장 원하시는 일이었습니다. 교회가 바로 이런 곳입니다. 교회는 자기 자신의 가치를 모르고 음행에 빠지거나 세상만 바라보면서 사는 사람들을 변화시켜서 하나님을 바라보며 살게 하는 곳입니다. 사실 이 세상에서 가장 이익이 남는 장사는 사람을 변화시키는 일이라고 할 수 있습니다.

그러나 솔로몬이 사람들을 키워보면서 가장 힘들었던 부분은 자존심을 가지게 하는 일이었습니다. 즉 노예들은 아무리 잘 대해주어도 노예의 정신에서 빠져나오지 못했던 것입니다. 그래서 나중에 솔로몬은 어른이 된 노예를 돈을 주고 가르쳐봤자 소용이 없다고 생각해서 노예 중에서 가장 건강하고 괜찮은 노예들끼리 결혼시켜서 아기 때부터 가르쳐보았습니다. 그러나 역시 노예의 자식은 노예였던 것입니다. 그래서 나중에 솔로몬은 사람을 키우는 일을 포기하고 양과 소를 키우니까 사람을 키우는 것보다 훨씬 더 결과가 좋았고, 예루살렘에 살던 부자들보다 더 많은 양과 소를 가지게 되었다고 했습니다.

자식을 키워보면 보통 힘든 일이 아닌 것을 알 수 있습니다. 아이들은 다른 아이들보다 작으면 안 되고 공부도 따라가야 하고 대학에 들어가기 위해서는 죽도록 공부를 시켜야 합니다. 그러나 대학을 졸업했다고 해서 돈을 벌 수 있는 것이 아니라 취직이 어렵습니다. 또 결혼시켜도 자녀가 낳은 아이들을 돌보아 주어야 할 때가 많습니다. 더욱이 청소년 시기가 되면 자기 주관이 생기면서 얼마나 부모 속을 썩이는지 모릅니다. 그래서 요즘 우리나라에서 반려견을 키우는 사람이 천만 명을 넘고 있다고 합니다. 왜 그렇게 반려견을 좋아하느냐고 물어보면 자식이라고 해서 키워봐야 애만 먹이고 대학을 졸업하고 난 후에도 계속 돈을 달라고 하는데 강아지는 주인에게 속을 썩이지도 않고 그렇게 충성될 수 없다는 것입니다. 사람은 주인을 배신하지만, 개는 주인을 배신하지는 않는다는 것입니다.

결국 솔로몬도 사람을 키우는 데 한계가 있다는 것을 알게 되었습니다. 즉 노예들을 아무리 사서 잘 대해주어도 그들은 역시 노예이고 솔로몬을 배신하는데 소나 양은 절대로 주인을 배신하지 않는 것입니다. 그래서 솔로몬도 노예를 키우는 일을 포기하고 소와 양을 키우는 일로 방향을 바꾸게 되었습니다.

그러나 솔로몬이 생각은 잘했지만, 그가 몰랐던 것은 이 세상에서 가장 변하기 어려운 것이 인간의 마음이라는 것입니다. 인간의 마음은 돌보다 단단하고 쇠보다 더 단단합니다. 이 인간에게 조금 잘해준다고 해서 변하기를 기대하는 것은 잘못된 생각이었던 것입니다. 결국은 하나님의 말씀을 가르쳐야 사람의 영혼을 구할 수 있고 하나님께서 한 사람 한 사람을 변화시켜 주셔야 하는 것입니다.

3. 쾌락에 빠지는 솔로몬

솔로몬이 젊었을 때는 상당히 건전한 생각을 가졌던 것을 알 수 있습니다. 그는 황무지를 개간해서 옥토로 만들려고 했고, 노예를 사서 멋진 사람으로 만들려고 했습니다. 심지어 노예끼리 결혼시켜서 아기 때부터 바로 가르치려고 해보기도 했습니다. 그러나 솔로몬의 이런 계획들은 실패로 끝나고 말았습니다. 사람이 변하는 것은 사람의 힘으로 되는 것이 아닙니다. 이것은 하나님의 말씀과 하나님의 능력으로 되는 것입니다. 그러나 인간의 영혼을 위하여 인생을 투자하는 것은 매우 잘하는 것입니다.

사람 중에서 어렸을 때부터 늙을 때까지 한 번도 방황하지 않고 방탕한 길에 빠지지도 않고 똑바로 바른길만 가는 사람은 한 사람도 없습니다. 사람들은 이렇게 방황하기도 하다가 나중에 은혜받고 정신을 차려서 하나님을 만나게 되고 바른길을 찾게 되는 것입니다.

그러나 솔로몬은 사업을 해서 큰돈을 벌었고 큰 명성을 얻었습니다. 솔로몬은 경영능력이 뛰어나니까 물질적으로는 엄청나게 부자가 된 것입니다. 그러나 솔로몬에게는 또 다른 어두운 그림자가 있었습니다. 그것은 바로 '풍요 속의 빈곤' 이라고 할 수 있습니다. 그는 부자가 되면 될수록, 세상에서 유명해지면 유명해질수록 외롭고 마음이 허전하게 되었습니다. 이때 찾아오는 아주 나쁜 손님이 바로 악한 호기심입니다. 솔로몬은 나이가 들면서 육체적 쾌락에 자꾸 강한 호기심을 가지게 되었습니다. 사람이 가장 빠른 시간에 행복을 느끼는 방법은 성관계가 있고, 그다음이 술을 마시는 것입니다. 나중에는 마약도 있습니다. 남녀 간의 사랑도 바른 사랑이 아니라 해서는 안 되는 사랑이 그렇게 만족감을 주는 것입니다.

2:8. "은 금과 왕들이 소유한 보배와 여러 지방의 보배를 나를 위하여 쌓고 또 노래하는 남녀들과 인생들이 기뻐하는 처첩들을 많이 두었노라"

솔로몬에게는 금이 얼마나 많았던지 은을 가져오면 받아주지도 않았습니다. 그러나 이것으로 만족되지 않으니까 그다음에는 노래에 빠졌습니다. 물론 하나님을 찬송하는 시편 같은 노래가 아니라 세상의 실패한 사랑을 슬퍼하는 노래였습니다. 그러다가 솔로몬은 더 과감하게 나가게 되었습니다. 그것은 직접 성관계에 빠지는 것이었습니다. 그래서 솔로몬이 공식적으로 상대한 여자는 천 명이 넘었습니다. 그는 보고 싶은 것은 다 보았고, 하고 싶은 것은 다 해봤습니다. 그렇게 솔로몬은 이 세상을 정말 후회 없이 살아보았습니다. 그러나 그가 내린 결론은 자기 손으로 한 모든 것이 헛된 것이고 바람을 잡으려고 하는 것과 같이 아무것도 손에 잡히는 것이 없는 허무한 인생이었다는 것입니다.

솔로몬이 이 세상의 좋은 것을 다 가지고 그렇게 열심히 살았음에도 불구하고 그의 인생이 허무했던 이유가 무엇일까요? 그것은 바로 그가 하나님이 원하시는 것을 생각하지 않았기 때문입니다. 하나님이 원하는 것을 생각하지 않는 인생은 한평생 살아서 성공해봐야 바람을 잡으려고 하는 것과 같습니다. 그리고 솔로몬은 자신의 야망이나 열정으로 하고 싶은 것을 다 했습니다. 그러나 그것도 결국 헛된 바람을 잡는 것과 같습니다.

인생을 가치 있게 살려면 가장 먼저 자신이 하나님 앞에서 하나의 티끌에 불과하다는 것을 알아야 합니다. 그리고 자기의 열정이나 야망대로 사는 것을 죽이고 하나님의 말씀을 앞세우고 따라가야 합니다. 우리는 이 세상에서 가장 먼저 자기 영혼부터 건져야 합니다. 그러면 이 세상의 모든 것을 합친 것보다 더 가치 있는 것이 자기 안에 있다는 것을 알게 됩니다. 그리고 하나님 앞에서 자기에게 주어진 삶을 충성되게 사는 것입니다. 그러면 이 세상에서 허무하지 않은 알찬 인생을 살 수 있습니다. 그러나 세상은 그런 사람들을 비웃고 조롱합니다. 너무 야망이 없고 아무것도 하지 않는다고 비난합니다. 그러나 이 세상에서 무엇인가 알찬 것을 잡기는 결코 쉬운 일이 아닙니다.

나중에 주님의 심판대 앞에 갔을 때 "너는 이 세상에서 무엇을 남기고 왔느냐?" 고 물으실 때 '빈손입니다' 라고 대답하는 사람은 참으로 부끄러울 것입니다. 이 세상의 성공은 여기 있는 모래를 저기로 옮기는 것과 같습니다. 모래가 무너지지 않으려면 시멘트와 철근이 들어가야 합니다. 그것이 바로 하나님의 말씀이고 하나님의 능력입니다. 하나님의 새 능력 받는 성도들이 다 되시기 바랍니다.

06

사람의 지혜

전 2:12-17

제가 어렸을 때 아버지가 닭을 수술하는 것을 본 적이 있습니다. 우리 집에서 닭을 몇 마리 키웠는데, 닭 한 마리가 무엇을 잘못 먹었는지 이리 넘어지고 저리 넘어지면서 죽어가고 있었습니다. 그래서 제가 아버지에게 뛰어가서 '닭 한 마리가 죽어갑니다' 라고 말씀드렸더니 아버지가 그 닭을 가져오라고 하셨습니다. 아버지는 그 닭을 보시더니 면도칼과 실과 바늘을 가져오라고 하시고는 면도칼로 닭의 가슴 쪽을 베셨습니다. 그리고 목에 걸려 있는 뼛조각 같은 것을 꺼내시더니 자른 부분을 다시 실로 꿰매셨습니다. 그리고 실로 꿰맨 부분을 빨간 요오드 소독약으로 바르시고 그 부분을 까만 연탄으로 칠하셨습니다. 저는 수술하려고 하면 제대로 해야지, 면도칼로 찢고 실로 꿰맨 닭이 살 수 있을지 의심했습니다. 그런데 그 닭은 아버지가 수술한 후로 다시 기운차게 쫓아다니면서 모이를 주워 먹고 아주 건강하게 잘 살았습니다. 그리고 아버지한테 왜 까만 연탄재를 칠하셨는지 물었더니 닭은 빨간색을 보면 쪼아서 상처가 더 커지기 때문에 빨간 부분을 보이지 않게 하려고 까만 연탄을 칠했다고 하셨습니다. 그것을 보고 저는 아버지가 정말 지혜가 많으시다고 생각했습니다.

하나님은 첫 인간 아담과 하와에게만 가죽으로 옷을 만들어 주셨고, 그다음 사람들에게는 옷도 만들어 주지 않으셨고 사람이 살아야 할 집도 지어주시지 않으셨습니다. 인간은 몸에 털도 없고 농사짓는 도구도 없고 집도 없어서 이 세상에 살 수 없는 존재였습니다. 그러나 하나님은 인간에게 딱 하나 좋은 도구를 주셨습니다. 그것은 바로 지혜였습니다. 인간은 지혜 하나로 바퀴를 만들고 창을 만들고 나중에는 도끼 같은 것을 만들어서 집을 짓고, 맹수들을 사냥해서 구워 먹고, 농사를 지을 수 있게 되었습니다.

인간에게 가장 어려운 것은 불을 마련해서 추위를 이기고 집을 지어서 바람과 비를 피해서 사는 것이었습니다. 인간은 불을 사용하는 것이 어려웠습니다. 그래서 원시인들은 나뭇가지를 가지고 나무 사이에 돌려서 그 마찰력으로 불을 피웠다고 합니다. 그리고 인간은 통나무를 베어서 집을 지었습니다. 그런데 통나무집은 틈이 많아서 외풍이 많이 들어왔습니다. 그래서 통나무 사이 사이를 흙이나 나무로 매워서 추위를 막아야 했습니다.

지금 인간의 지혜가 얼마나 발달했는가 하면 웬만한 사람은 모두 자가용을 운전해서 다니고, 아파트도 수십 층 높이로 짓고, 백 층 이상 되는 빌딩을 짓고, 하늘에는 비행기를 띄워서 날아다니고 있습니다. 심지어는 우주 공간에 우주선까지 발사해서 세계 구석구석에서 일어나는 일들을 전부 사진으로 찍어 보내고 있습니다. 그리고 자동차도 GPS를 사용해서 위치를 추적하기도 하고 또 목적지를 찾아가기도 합니다.

그러면 인간은 과연 옛날에 비해서 훨씬 행복하게 살고 있습니까? 아니면 인간이 신이 되었습니까? 놀랍게도 인간은 여전히 벌거숭이로 이 세상에 태어나고, 옛날보다 훨씬 더 불만을 느끼며 살아가고, 여전히 먹는 문제나 집을 사는 문제로 고민하고 있습니다.

1. 인간의 지혜

인간은 지혜 하나로 추위나 더위, 비바람이나 눈보라를 피하고, 물건을 옮기는 것, 먹을 것이나 살 집을 짓는 것과 병을 치료하는 것 등 거의 모든 것을 다 해결했습니다. 그러나 인간은 행복하지 못합니다. 그 이유는 무엇입니까? 인간은 무엇인가 부족해서 불만스러운 것이 아닙니다. 인간은 누구나 마음속으로 절대적인 존재가 되고 싶기 때문입니다. 모두 공부도 잘하고 운동도 잘하고 돈도 많이 벌고 세상에서도 유명해지고, 하고 싶은 것은 모두 다 할 수 있는 신이 되려고 하는 욕망이 있습니다. 그래서 신이 되지 않은 인간은 아무리 좋은 집이나 아무리 과학이 발달한 세상에서 산다고 하더라도 불행할 수밖에 없습니다.

옛날 솔로몬 시대에는 솔로몬만큼 지혜 있는 사람은 없었습니다. 솔로몬은 수많은 교훈집을 쓰기도 하고, 사랑의 노래도 지었으며, 나무나 물고기와 새에 대해서도 연구를 많이 했습니다. 솔로몬은 사업에도 성공했고, 유명한 사람이 되는 데도 성공했습니다. 그래서 솔로몬의 이름은 저 아프리카까지 퍼지게 되었습니다. 그래서 아프리카를 지배하던 스바 여왕이 많은 금과 보물을 싸 가지고 와서 솔로몬을 만나 어려운 문제를 내기도 했는데, 그 여왕은 솔로몬이 자기가 들은 소문보다 훨씬 뛰어난 사람이라고 했습니다.

그러나 나이가 들수록 솔로몬의 마음에는 점점 만족이 없어졌습니다. 솔로몬의 마음속에는 '내 속에 있는 지혜가 과연 내 자신이나 다른 사람에게 무슨 소용이 있는지' 생각해 보았습니다.

2:12. "내가 돌이켜 지혜와 망령됨과 어리석음을 보았나니 왕 뒤에 오는 자는 무슨 일을 행할까 이미 행한 지 오래 전의 일일 뿐이리라"

우리는 여기서 지혜와 망령됨과 어리석음의 차이를 알 수 있습니다. 아이들에게 공부를 가르쳐보면 공부를 아주 잘하는 아이들이 있는가 하면, 아무리 가르쳐주어도 말을 알아듣지 못하고 아예 공부 자체를 싫어하는 아이들도 있습니다. 지혜로운 자는 무엇인가 개발하기도 하고 연구해서 성공하기도 하지만, 어리석은 자는 그런 일은 하지 못하고 육체적인 노동으로 만족하면서 살아갈 것입니다.

그런데 여기 "망령된 자"는 어떤 사람입니까? 실력은 안 되는데 꿈만 크게 가지는 사람을 말합니다. 즉 자기는 공부를 못하면서 노벨상을 탈 것이라고 큰소리치고, 자기는 실력이 안 되는데 올림픽에 나가서 금메달을 딸 것이라고 허풍 부리는 사람을 말합니다. 이런 사람 중에는 낮에도 멍청하게 창밖을 내다 보면서 비현실적인 백일몽에 빠져서 아무것도 하지 못하는 사람이 있습니다.

솔로몬이 생각해 보니까 지혜가 있는 사람이 유명해지고 성공하는 것은 사실이었습니다. 그러나 지혜에도 좋은 지혜가 있고, 나쁜 지혜가 있었습니다. 나쁜 지혜의 대표적인 예는 다윗 때 '아히도벨' 이라는 사람을 들 수 있습니다. 이 사람은 얼마나 머리가 뛰어난지 다윗을 손바닥 위에 올려놓고 보는 사람이었습니다. 그러나 이 사람의 지혜는 좋은 지혜가 아니었습니다. 그는 다윗의 아들 압살롬이 아버지에게 반역을 일으켰을 때 주동 인물로 참여했습니다. 그는 압살롬에게 아버지를 이기려면 아버지가 남기고 간 모든 첩들과 강제로 성관계를 해서 버려놓는 것이 좋다고 했습니다. 그래서 압살롬은 그 말대로 실행했습니다. 그러고 난 후 아히도벨은 아직 다윗이 요단강을 건너가기 전에 자기에게 이만의 군대를 주면 자기가 가서 다윗만 죽이고 백성을 데리고 오겠다고 했습니다. 이것은 사실 뛰어난 계략이었습니다. 그러나 압살롬은 또 다른 한 사람 후새에게 아히도벨의 이 계략을 이야기했더니 후새는 그것은 굉장히 좋지 못한 생각이라고 했습니다. 후새는 다윗이 그냥 도망치지 않고 반드시 군대를 매복시켜 놓았을 것이니까 압살롬의 군대가 괜히 추격하다가 망할 것이라고 했습니다. 왜 후새는 그 천재 아히도벨과 정반대되는 의견을 제시했을까요? 그는 다윗이 심어놓은 스파이였기 때문입니다. 압살롬이 어리석게도 후새의 안이 더 좋다고 결론을 내렸습니다. 아히도벨은 자신의 계략이 실패하자 언젠가는 자신이 압살롬의 손에 죽겠구나 생각하고 그 자리에서 나귀를 타고 고향 집에 가서 스스로 목을 매어 죽습니다.

솔로몬이 발견한 것은 무엇입니까? 지혜 있는 자가 참 필요한 것은 사실이지만, 지혜 있는 자는 참모나 조언자 역할은 잘해도 보스가 되기는 어렵다는 사실입니다. 보스는 그런 어중간한 지혜를 가져서는 안 되고 판단하고 결단할 수 있는 신념의 사람이어야 합니다. 거기에 비해서 망령된 자는 아무것도 아니면서 자꾸 무엇을 아는 것처럼 말을 하고 교만하며 신처럼 행동하는 사람을 말합니다.

성경 창세기 11장에 보면 인간이 노아 홍수 이후에 시날 들판에 아주 높은 탑을 쌓아서 하나님에게까지 올라가려고 합니다. 만약 하나님께서 인간이 바벨탑을 쌓는 것을 방해하지 않고 내버려 두었다면 그들은 정말 하나님에게까지 올라갈 수 있었을까요? 그들은 헛고생만 실컷 하고 말았을 것입니다. 그래서 하나님께서는 인간이 바벨탑 쌓는 것을 중단시켜서 쓸데없는 짓을 하지 말고 세상을 살 생각이나 하라고 중단시키신 것입니다. 결국 망령된 자는 자기 자신을 알지 못하는 것입니다. 그러나 대개 어렸을 때는 이런 공상도 많이 하는 것이 좋습니다. 현실에 좌절하지 않고 꿈을 키우다가 나중에 좋은 기회가 왔을 때 성공하면 되는 것입니다.

솔로몬이 보니까 지혜 있는 자나 없는 자나 찬스를 잘 잡는 자나 무지한 자들이 눈으로 보기에는 차이가 많이 나는 것 같지만 근본적으로 똑같다는 것을 알았습니다. 인간은 다 자라서 결혼합니다. 이것은 누구나 마찬가지입니다. 결혼하고 난 후에는 아이를 낳아서 키웁니다. 어떤 사람은 아이를 많이 낳아서 키우고, 교육비 때문에 한둘밖에 낳지 않는 사람도 있습니다. 망령된 자는 자식은 많이 낳았지만 일을 하지 않거나 수입이 없기 때문에 부인이나 자녀들이 고생을 많이 하게 됩니다.

2. 지혜의 한계

솔로몬은 지혜가 없는 것보다는 있는 것이 세상 사는데 훨씬 좋다는 것을 알고 있었습니다.

2:13. "내가 보니 지혜가 우매보다 뛰어남이 빛이 어둠보다 뛰어남 같도다"

여기서 솔로몬은 지혜를 가진 자가 미련한 자보다 유리한 것은 마치 빛과 어둠의 차이와 같다고 했습니다. 옛날에는 글자를 모르는 사람들이 많아서 자식이 보낸 편지도 읽을 수 없었습니다. 그래서 자식에게서 편지가 오면 동네에 글을 아는 사람에게 가서 편지를 읽어 달라고 해야만 했습니다. 또 글을 모르는 사람은 신문을 읽을 줄 몰라서 세상 돌아가는 형편을 몰랐습니다. 이것은 공부하는 학생들도 마찬가지입니다.

이 세상에 아무리 지혜가 있어도 자기만 먹고 살기 위해서 쓰거나, 혹은 나쁜데 머리를 쓰는 사람은 지혜 없는 자보다 못한 것입니다. 좀 배우지 못해도 얼마든지 좋은 사람과 결혼해서 행복하게 살 수 있습니다. 왜냐하면 그는 믿음이 있고 결단력이 있기 때문입니다. 그래서 사람에게는 머리가 좋으냐 좋지 않으냐가 아니라 결단을 내릴 수 있는 의지가 보다 중요한 것입니다. 솔로몬에게는 결단력이 없었습니다. 그러나 그의 아버지 다윗에게는 결단력이 있어서 그 수많은 어려움을 이기고 참 아름다운 삶을 살 수 있었습니다.

삼손은 하나님의 능력이 있었습니다. 그러나 그는 결단력이 없어서 가드의 기생집에 갔다가 붙들릴 뻔했고, 들릴라라는 여자와 관계를 끊지 못해서 결국 그녀에게 속아서 눈알을 뽑히고 머리털이 밀리고 블레셋에 잡혀가게 됩니다. 그러나 그가 마지막 순간에 결단을 내리고 하나님께 기도했을 때 다시 힘이 생기면서 기둥을 밀어서 그 큰 건물이 무너지게 함으로 삼천 명 이상의 블레셋 사람들을 죽게 만들었습니다. 결국 사람에게 중요한 것은 공부가 아닙니다. 가방끈이 긴 것이 중요한 것이 아닙니다. 중요한 것은 결단할 수 있는 의지인데, 그것은 바로 하나님께 대한 믿음입니다.

3. 인간 지혜의 한계

솔로몬은 머리가 좋은 사람은 마치 머리 속에 눈이 있다고 했습니다.

2:14-15, "지혜자는 그의 눈이 그의 머리 속에 있고 우매자는 어둠 속에 다니지만 그들 모두가 당하는 일이 모두 같으리라는 것을 나도 깨달아 알았도다 내가 내 마음속으로 이르기를 우매자가 당한 것을 나도 당하리니 내게 지혜가 있었다 한들 내게 무슨 유익이 있으리요 하였도다 이에 내가 내 마음속으로 이르기를 이것도 헛되도다 하였도다"

보통 사람은 자기 머리를 정리하는 것이 참 어렵습니다. 사람의 머릿속에는 이 사람 저 사람이 말한 것이 뒤죽박죽 다 들어 있기 때문입니다. 머리가 잘 정리되어 있어야 무슨 일을 한 가지 해도 똑바로 할 수 있습니다. 그래서 지혜 있는 자는 눈이 머리에 있다고 했습니다. 그런 사람은 자기 생각을 얼마나 잘 정리하고 처세를 얼마나 잘하겠습니까? 반면에 우매자는 뭐가 뭔지 몰라서 늘 어둠 속을 다닌다고 했습니다.

그러나 인간이 지혜롭든지 우매하든지 인간의 지혜는 분명한 한계가 있습니다. 그 분명한 한계는 무엇입니까? 인간은 아무리 머리가 좋아도 잠시 자기 앞에 일어날 일도 알지 못한다는 것입니다. 진짜 지혜 있는 자는 눈이 머리 속에 갇혀 있어서는 안 되고 자기 발 앞에 있어야 합니다. 그래서 시편에서 다윗은 "주의 말씀은 내 발에 등이요 내 길에 빛이니이다"(시 119:105)라고 했습니다. 눈이 머리 속에 있어서는 안 되고 앞을 볼 수 있어야 하는데, 세상 사람들은 미래를 보지 못합니다. 그래서 결정적인 순간이 오면 될 대로 되라고 하면서 일을 저질러 버리고, 실패하면 자살해버리는 것입니다. 거기에 비해 우매자는 아무리 머리를 써도 아는 것이 없으므로 자기가 해 온 길을 한 걸음 한 걸음 가는 것입니다.

그리고 또 하나는 지혜자나 우매자나 늙는 것이나 죽는 것을 피할 수 없다는 사실입니다. 아무리 세계적인 기업을 만든 경영자도 늙게 되고 결국은 죽습니다. 오히려 우매자가 더 건강할 수 있고 만족을 느끼면서 살다가 죽을 수 있습니다. 왜냐하면 우매자는 자기 자신에게 바라는 것이 많지 않기 때문입니다. 그러나 지혜자는 자기가 신이 되고 싶었는데 신이 되지 못하고 평범한 사람이나 범죄자로 죽어야 하니까 인생을 망쳤다고 생각하는 것입니다. 결국 우리는 미래를 알지 못하고 결국 늙어서 죽는데 모든 사람이 다 똑같습니다.

사람은 미래를 알지 못합니다. 그러나 미래를 안심할 수 없는 것은 하나님이 자꾸 우리의 삶에 개입하시기 때문입니다. 그리고 우리는 모두 늙습니다. 사람들은 어떻게 해서든지 자기가 죽어도 사람들이 자기 이름을 기억해주기를 바랍니다. 그러나 죽고 난 뒤 자기 이름을 기억해 줘봐야 무슨 소용이 있습니까? 살아 있을 때 다른 사람들과 잘 지내는 것이 좋지, 죽고 난 후에 아무리 많은 사람이 와서 헌화를 해봐야 죽은 그는 그것을 영원히 알 수 없습니다.

2:16. "지혜자도 우매자와 함께 영원하도록 기억함을 얻지 못하나니 후일에는 모두 다 잊어버린 지 오랠 것임이라 오호라 지혜자의 죽음이 우매자의 죽음과 일반이로다"

사람이 웬만큼 똑똑하거나 성공해서는 죽은 뒤에 그를 기억하기 어렵습니다. 사람들은 모두 자기 살기에도 바쁜 세상이기 때문입니다. 결국 기억함이 되는 사람은 자기를 희생한 사람입니다. 유명한 사람은 한때 유명한 것이지, 죽고 얼마 있지 않으면 다 잊어버리고 맙니다. 그러나 우리가 하나님을 알면 미래를 알 수 있습니다. 우리가 하나님을 알면 자기 죄를 알 수 있습니다. 우리가 하나님을 알면 우리 인생이 추하지 않습니다. 그리고 희생이 없는 사람의 인생은 기억이 되지 않습니다.

그래서 솔로몬은 자기가 이 세상에 사는 것을 미워하고 있고, 해 아래에서 하는 모든 일이 괴로움이요 바람을 잡으려는 것과 같다고 말하고 있습니다. 우리가 하나님을 만나면 하나님은 우리를 영원히 없어지지 않는 보석으로 만들어주십니다. 그래서 다른 사람의 여건이나 다른 사람과 비교하지 마시고 하나님을 만나시기를 바랍니다. 지금은 바로 하나님을 만날 때요, 구원의 날입니다. 누구든지 주의 이름을 부르는 자는 부끄러움을 당하지 않을 것입니다.

07

인생이 남긴 것

전 2:18-26

최근 많은 사람이 자신의 인생에 대하여 돌아보는 이유는 사람의 수명이 엄청 길어지게 되었기 때문입니다. 옛날에는 60세쯤 되면 다 돌아가셨는데, 지금은 보통 90세까지 살다가 돌아가십니다. 저는 이 수명이 그냥 먹고 살기 좋아서 저절로 늘어난 줄 알았습니다. 그러나 그것이 아니었습니다. 워낙 의학이 발달해서 미리 건강을 진단해서 수술하고 약을 먹으니까 그 힘으로 30년을 더 사는 것입니다. 그래서 이때 가장 억울한 사람은 자기가 이렇게 오래 살 줄 모르고 50대에 퇴직해서 아무것도 하지 못하고 늙으신 분들입니다. 그래서 요즘은 제2의 직업을 가질 준비를 하라고 많이 충고하는데 그것 역시 쉬운 일이 아닙니다. 어떤 분은 대기업에서 고위직으로 퇴직했는데 제2의 직업은 옛날과 비교되지 않는 적은 월급이지만 할 일이 있다는 데 감사한다고 했습니다. 그러나 아무리 의학이 발달해도 병원에 자주 가지 않고 약을 먹지 않는다면 돌아가실 것입니다.

우리 교회는 전국에서 젊은이들이 많기로 유명했습니다. 그러나 제 나이 따라 교회도 늙어갔습니다. 이제는 노인이 청년이나 어린이

들보다 훨씬 많은 교회가 되었습니다. 오늘날 많은 분이 나이가 들어가면서 '내가 할 수 있는 것은 무엇인가, 내가 자녀들이나 사회에 남겨줄 수 있는 것은 무엇인가?' 하는 것을 많이 생각하면서 살고 있습니다. 그리고 '사람이 죽으면 진짜 영생이 있는가, 아니면 그냥 흙에 묻혀서 없어지고 마는가?' 하는 것을 진지하게 고민하고 있습니다.

1. 자녀를 위하여 남기는 것

어느 나라 사람이든지 핏줄에 대한 집착은 굉장히 강한 것 같습니다. 그래서 아들이 결혼하기를 원하고 결혼하면 손자를 보려고 합니다. 노인들이 손자 손녀를 보면 그렇게 신기해할 수 없습니다. 전에 어떤 사진을 보니까 할아버지, 아들 그리고 손자 세 명의 사진이 찍혔는데, 정말 모두 다 붕어빵같이 똑같이 생긴 것을 보고 놀랐습니다.

옛날 어른들은 자손을 통하여 자신의 재산이나 정신이 이어지는 것이 최고의 복이라고 생각해서 어떻게 해서든지 남자를 낳고 손자를 낳으려고 했습니다. 전에 제가 다니던 교회의 목사님은 그런 생각이 강하셨습니다. 그래서 첫 부인이 아들과 딸을 낳고 돌아가신 후에도 부족하다고 생각해서 재혼하여 아들을 낳기 위해 아이를 많이 낳았습니다. 그런데 하나만 아들이고 전부 딸이었습니다. 그 할아버지 목사님은 큰아들과 며느리에게 무조건 아들을 낳으라고 강요했습니다. 그러나 그 며느리는 딸만 여섯인가 낳고 끝나고 말았습니다. 그 목사님은 큰아들에게 교회를 물려주었고, 큰아들은 손자에게 교회를 물려주고 싶었던 모양인데 그냥 아들 대에서 끝나고 말았습니다. 그래서 다른 분이 그 교회의 목사로 부임했습니다. 아마 모르기는 해도 원로목사님 때문에 엄청나게 고생할 것 같다는 생각이 들었습니다.

인생에 대하여 바라보는 여러 관점이 있습니다. 여기에는 크게 두 가지 종류가 있는데, 하나는 인간의 존재에 대한 철학적인 생각이고, 다른 하나는 세상에서 성공하는 것에 대한 인생론입니다. 독일의 철학자 쇼펜하우어는《의지와 표상으로서의 세계》라는 책을 썼는데, 참 어려운 책입니다. 이 책을 읽으면 인생이 참 어렵다는 것을 깨닫게 될 것입니다. 그렇지 않고 세상에서 성공하기를 원하는 분들은 그것보다 좀 쉬운 카네기의《인생론》을 읽는데, 그는 성공하기 위해서는 자기계발을 해야 한다고 주장합니다.《논어》도 일종의 인생론이고, 칸트의《실천이성비판》도 일종의 인생론이고, 성경의 '전도서' 도 일종의 인생론을 이야기하고 있는 것입니다.

본문에서 솔로몬은 세 가지 인생론을 제시하고 있습니다. 그 첫 번째가 자기가 성공해서 자식에게 많은 돈이나 지위나 명성을 물려주는 것입니다. 솔로몬은 당대에 최고의 부자였고 순금으로 된 방패가 육백 개나 있었습니다. 솔로몬은 무역에도 성공해서 어마어마한 금을 모았습니다. 그러나 솔로몬은 왕의 자리와 이 금을 자식에게 물려 줄 수밖에 없다는 것을 알았지만 이것도 아무 소용이 없다는 것을 깨달았습니다. 왜냐하면 자기 아들이 너무 멍청하면 아무리 금을 많이 줘봤자 다 빼앗길 것이고, 또 자식이 똑똑하다고 해서 자기같이 운이 좋으라는 법은 없기 때문입니다.

2:18-20. "내가 해 아래에서 내가 한 모든 수고를 미워하였노니 이는 내 뒤를 이을 이에게 남겨 주게 됨이라 그 사람이 지혜자일지, 우매자일지야 누가 알랴마는 내가 해 아래에서 내 지혜를 다하여 수고한 모든 결과를 그가 다 관리하리니 이것도 헛되도다 이러므로 내가 해 아래에서 한 모든 수고에 대하여 내가 내 마음에 실망하였도다"

솔로몬은 무역 거래를 잘해서 엄청난 부를 쌓았습니다. 그러나 그가 늙고 난 후에 보니까 자기는 이제 힘이 없고 자기의 모든 재산을 부인이나 또는 아들이 관리하는데 자기는 그냥 구경꾼밖에 되지 못했던 것입니다. 사실 솔로몬이 수고했다는 것은 돈벌이를 많이 했다는 것인데, 나라를 위해서 수고를 정말 많이 한 사람은 아버지 다윗이었습니다. 다윗은 주위의 많은 나라와 전쟁해서 나라의 기초를 확고히 했고, 솔로몬이 성전을 지을 수 있도록 금이나 은, 철이나 놋쇠를 산더미같이 모아놓았습니다. 솔로몬은 아버지가 남겨 주신 그 금과 은과 철과 놋쇠로 최고의 성전을 지었습니다. 그리고 왕궁도 지었습니다.

솔로몬은 너무 일찍 큰 숙제를 다 해놓고 나니까 그다음에 할 일이 없었습니다. 바로 이것이 문제입니다. 즉 인생의 절정기에서 죽으면 인생이 너무 멋있을 텐데 그 후에도 시간을 질질 끌면서 죽음이 자기를 부를 때까지 살아야 한다는 것입니다. 그때 할 일이 없는 것입니다. 솔로몬은 자기 다음 후세가 똑똑하든지 어리석든지 이미 자기는 뒤로 밀리고 다음 세대가 주도권을 휘두르니까 '나는 도대체 무엇이냐?' 하는 생각이 들었던 것입니다. 자기는 이제 들러리밖에 되지 못하는 것입니다.

이에 솔로몬이 깨닫게 된 것은 성공하는 것도 중요하지만 그것보다 더 심각한 것은 치매와 노화로 결국은 죽어야 한다는 사실이 모든 것을 허망하게 만든다는 것입니다. 솔로몬이 늙어버리니까 그는 허수아비에 불과했고 할 수 있는 것은 아무것도 없었습니다.

옛날 중국의 역사에서도 이와 같은 모습을 보게 됩니다. 왕은 늙고 힘이 없는데, 왕자는 어려서 내시들이 모든 것을 다 쥐고 흔들면서 나라를 망치는 모습을 보게 됩니다. 그래서 '십상시의 난' 같은 것을 보면 얼마나 내시가 설쳤는지 누군가가 비리를 조사하려고 하니 궁궐까지 태워버리는 악행을 저지르기도 했습니다. 그래서 인간에게 가장 좋은 것은 자기가 할 수 있는 최선을 다하다가 환영받을 정상에서 사라져버리는 것입니다. 그러나 사람은 그렇게 잘되지 않습니다.

2:21. "어떤 사람은 그 지혜와 지식과 재주를 다하여 수고하였어도 그가 얻은 것을 수고하지 아니한 자에게 그의 몫으로 넘겨 주리니 이것도 헛된 것이며 큰 악이로다"

사람들은 모두 공짜라고 하면 결사적으로 덤벼들기 때문에 자식은 부모의 유산에 대하여 참여할 권리가 있습니다. 그래서 어떤 경우에는 부모가 아무리 좋은 업적을 만들어도 자식들이 갈라 찢는 바람에 공중분해가 되는 경우도 종종 있습니다.

2. 주어진 것으로 만족하는 인생

이 세상에서 짧고 굵게 살자는 사람들은 대개 욕심이 많습니다. 거기에 비해서 길고 가늘게 살자는 사람은 비교적 욕심이 적습니다. 이 세상에서 평범하게 사는 것은 너무나도 좋은 것이 많습니다. 비록 권세 있는 자들이 누리는 영광은 누리지 못하지만, 걱정하지 않고 평범하게 인생을 살 수 있다는 것입니다.

그래서 솔로몬이 두 번째로 생각한 것은 무엇입니까? 우리 속담에도 "모난 돌이 정을 맞는다" 고 너무 튀지 말고 평범하게 사는 것이 하나님이 주신 복이고 최고로 좋은 삶이라고 생각했습니다.

2:24. "사람이 먹고 마시며 수고하는 것보다 그의 마음을 더 기쁘게 하는 것은 없나니 내가 이것도 본즉 하나님의 손에서 나오는 것이로다"

솔로몬은 지나치게 욕심을 부리지 말고 먹고 마시고 무엇인가 할 일이 있는 것으로 만족하는 것이 아름다운 삶이 아니냐 하는 것입니다. 그래서 욕심을 내어보아도 잘 안될 때 자신의 욕심을 줄여서 평범하게 사는 것도 좋을 것입니다. 그러나 인간은 결코 평범하게만 살 수 없습니다. 이런 사람은 순진하거나 약하기 때문에 욕심 많은 사람에게 재물이나 집을 빼앗기기도 하고, 또 병에 걸려서 가난한데 병원비까지 부담을 져야 하는 때도 있을 것입니다. 그러나 먹고사는 문제가 해결되면 좋은 집에 살고 싶고, 집 문제가 해결되면 명예를 탐하게 됩니다.

2:25. "아, 먹고 즐기는 일을 누가 나보다 더 해 보았으랴"

솔로몬은 청소년이었을 때 정말 소박한 꿈을 가졌습니다. 그래서 시골에서 포도원이나 지키는 가난한 술람미 여인 같은 사람과 사랑하고, 꽃이 피어있고 어두운 산그늘이 덮이는 시간에 사랑하는 여인과 손을 잡고 달리기를 하고, 비밀의 화원을 만들어서 남들 모르게 행복하게 살고 싶었습니다. 그러나 솔로몬이 하나님의 축복을 받기 시작하니까 평범한 삶이라는 것은 이미 생각할 수 없었습니다. 솔로몬은 자연적으로 유명하게 되었고 그의 소박했던 식탁은 어마어마한 잔치로 변하게 되었던 것입니다. 그는 평범한 의자에 앉아서 재판하고 싶었는데 상아에 금을 입힌 왕좌에 앉게 되었습니다.

솔로몬은 아들 르호보암에게 너무 뛰어나게 잘살려고 하지 말라고 충고하니까 벌써 여로보암이라는 늑대가 르호보암을 우습게 알고 이스라엘 열 지파를 떼어가서 독립해버렸습니다. 그리고 르호보암이 약하다는 것을 알고 애굽 왕 시삭이 와서 황금 방패 육백 개를 위시해서 솔로몬이 남겨 주었던 모든 금을 다 빼앗아 가버렸습니다. 사람이 평범해도 실력이 있고 힘이 있고 평범해야지, 힘이 없으면 빼앗겨버리는 세상입니다.

그래서 솔로몬은 이런 결론을 내리고 있습니다.

2:23. "일평생에 근심하며 수고하는 것이 슬픔뿐이라 그의 마음이 밤에도 쉬지 못하나니 이것도 헛되도다"

사람이 아무리 욕심이 없고 하나님이 주신 것에 만족하면서 산다고 하지만 이 세상에는 자연재해가 있고 질병이 있는 이상 아무리 이 세상에서 욕심을 부리지 않아도 결국은 슬퍼하게 되어 있다는 것입니다. 더욱이 인간은 늙어가고 또 언젠가 죽어야 하니까 밤에도 아파서 신음 소리를 내면서 깨어있게 된다는 것입니다.

그러나 솔로몬이 일평생 근심하며 수고하는 것이 슬픔뿐이라고 한 것은 좀 과장된 이야기입니다. 하나님은 순간순간 우리에게 많은 기쁨을 주시기 때문입니다. 산모가 아이를 낳는 것은 큰 고통이지만 아이를 무사히 낳고 나면 말할 수 없는 기쁨이 있습니다. 밀레는 농부들의 힘든 삶을 너무 무겁게 그림으로 그렸지만, 〈만종〉이라는 작품에서 해가 지는 저녁에 교회의 종소리를 들으면서 부부가 일손을 놓고 두 손을 모아서 기도하는 모습은 너무나도 아름다운 장면입니다.

우리 교회 장로님 중에 지금은 돌아가셨지만 존경할만한 분이 계십니다. 그 장로님은 어렸을 때 가난한 집에서 자라서 월남전에 갔다가 같은 부대 상사가 너무 훌륭한 분이신데 그 상사가 예수 믿으라고 해서 교회에 다니기 시작하셨습니다. 이분은 특별한 기술이 없으시니까 먼 곳에 가서 채소를 사서 행상을 시작하셨습니다. 그리고 부인 권사님은 시장 안에서 채소나 반찬 같은 것을 파셨습니다. 그 장로님 부부는 비록 가난하셨지만 어떤 누구에게도 기가 죽지 않고 당당하셨습니다. 아들도 부모님 모시고 교회를 섬겨야 하겠다고 해서 법원 공무원이 되었습니다. 장로님은 오래 살 것 같았는데 안타깝게도 암으로 일찍 돌아가셨습니다. 아마도 월남전 때 제초제의 영향인 것 같습니다. 이분은 교회에 오면 새벽에 청소하셨고, 나중에 자전거를 타고 폐지를 줍고 다니면서 전도하셨습니다. 어떤 분은 이분이 예수님을 가장 닮았다고 했습니다. 이분이 전도하신 열매가 있는데 옛날 관리 집사님입니다. 이 집사님은 옛날에 술고래였다고 하는데, 이 장로님이 그 집사님을 우리 교회에 데리고 오신 후에 변화가 되어 정말 충성되게 일을 감당하셨습니다. 어떤 분은 어떻게 사람이 저렇게 친절할 수 있느냐고 되묻기도 했습니다. 이 장로님의 평범한 생애는 결코 시시한 삶이 아니었습니다.

솔로몬은 소박하게 살고 싶었지만 가장 화려하게 먹고 마셨습니다. 그러나 예수님은 솔로몬의 부인이나 신하들이 아무리 잘 먹고 잘 입었다 하더라도 백합꽃 하나만 못하였다고 말씀하셨습니다. 백합꽃은 야생화입니다. 야생화는 순수합니다. 그리고 오직 하나님을 위하여 피어있습니다. 이런 꽃이 솔로몬의 성공보다 더 아름답다는 것입니다.

3. 욕심으로 모으는 인생

이 세상에서 돈을 모으기만 하고 쓸 줄을 모르는 사람이 있습니다. 그래서 이런 사람은 먹기는 엄청나게 먹고 늘 과식하는데 배설은 일절 하지 않는 것입니다. 그러면 이 사람의 배는 배설물로 꽉 차 있어서 배가 지진이 나듯이 아프고 잘못하면 죽을 수도 있습니다. 사람 중에는 하나님이 주신 지혜와 재능을 가지고 재물을 쌓기만 하고 절대로 남에게 주지 않는 인색한 사람이 있습니다. 그러면 그 사람이 부요할 수 있을까요? 절대로 그렇지 않습니다.

저는 그 위대한 〈메시야〉를 연주하는 교회가 거의 없다는 것이 안타깝습니다. 메시야 공연은 예산이 많이 들 것 같지만, 얼마든지 돈을 많이 들이지 않고 공연할 수 있습니다. 〈메시야〉는 성경에서 예수 그리스도에 대한 예언을 탁월하게 뽑아내어서 헨델의 천재적인 작곡으로 완성한 오라토리오입니다. 그중에서 44번 '할렐루야' 나, 52번, 53번 '죽임당한 어린양' 은 천국에서 공연해도 전혀 부족함이 없을 것입니다.

2:26, "하나님은 그가 기뻐하시는 자에게는 지혜와 지식과 희락을 주시나 죄인에게는 노고를 주시고 그가 모아 쌓게 하사 하나님을 기뻐하는 자에게 그가 주게 하시지만 이것도 헛되어 바람을 잡는 것이로다"

욕심이 많은 사람은 재물이나 보물을 쌓기만 하고 남에게 줄 줄 모릅니다. 그러면 그에 대한 평가가 나빠지게 되고 싫어하게 되는 것입니다. 결국 우리 인생이 가치 있으려면 부흥이 계속되어야 합니다. 그리고 그의 나라와 그의 의를 구하면 하나님은 이 모든 것을 더하여 주신다고 말씀하셨습니다(마 6:33). 믿음으로 사는 자가 부요한 사람입니다. 그는 위기 때마다 하나님의 도우심을 받을 것입니다.

08

때가 있다

전 3:1-12

비다에서 물고기를 잡는 사람들에게는 '물때' 라는 것이 있습니다. 이 물때는 물고기가 엄청나게 몰려오는 때를 말합니다. 이때는 바다에 얼마나 물고기가 많은지 바다 거의 전체가 은빛으로 빛이 납니다. 어부들은 바로 그때 그물을 쳐서 물고기를 잡아야 합니다. 그러나 물고기들이 다른 곳으로 다 떠난 후에 배를 타고 잡으러 가봐야 아무 소용이 없습니다. 학생들이 시험 칠 때도 시간이 있습니다. 특히 취직하려고 해도 때가 있습니다. 대학을 졸업하면서 취직하는 것이 딱 좋은데 그때를 놓치면 아무리 학벌이 좋고 유능해도 신입으로 취직하는 것은 쉽지 않습니다. 그래서 휴학을 하면서 졸업 연도를 늦추는 것을 볼 수 있습니다. 어떤 분은 인생론을 강의하면서, 사람들이 퇴직 후에 무엇을 할 것인지 너무 생각하지 않는다고 강조했습니다.

그런데 우리가 다른 어떤 것보다도 반드시 기억해야 할 것이 두 가지 있습니다. 하나는 인간이 하는 일 중에는 영원한 것이 없다는 사실입니다. 시간이 흐름에 따라 우리 인간은 모두 변하기 때문입니다. 어떤 대단한 일을 해 놓았다 하더라도 사람이 늙으면 모두 옛것이 되어버리고 맙니다. 이것은 마치 우리가 버스나 기차를 타고 여행하는 것과 같습니다. 아무리 경치 좋은 곳을 커피를 마시면서 지난다고 하더라도 얼마 있지 않으면 다른 풍경의 도시로 다시 지나가게 됩니다. 그래서 어떤 의미에서 우리가 만나는 사람들은 정거장이나 버스에서 잠시 만나는 사람밖에 되지 않는 것입니다. 우리는 시간을 붙잡아 둘 수 없습니다. 아무리 미인이고 아무리 장사라 하더라도 세월의 힘은 이길 수 없습니다. 이것이 우리의 현실입니다.

그리고 또 하나 기억해야 할 것이 있습니다. 그것은 우리가 반드시 죽을 때가 있다는 사실입니다. 우리는 그때가 언제인지 모릅니다. 그러나 우리는 언젠가는 숨을 멈추어야 할 때가 있고 우리의 시체는 썩고 이 세상의 모든 것과 작별해야 할 때가 있는 것입니다. 우리가 없어지고 난 후에 다른 사람이 기억해주면 충분할까요? 내가 없는데 다른 사람들이 아무리 나를 추모해주고 기억해준들 무슨 소용이 있겠습니까? 사람은 죽으면 아무 소용이 없습니다.

1. 하나님이 심으신 프로그램

지금 우리가 사용하는 스마트폰에는 수없이 많은 기능이 심기어 있습니다. 다른 사람과 통화하는 것은 기본이고, 카톡으로 문자를 주고받을 수 있고 한꺼번에 많은 사람에게 동일한 메시지를 보낼 수도 있습니다. 전화번호 같은 것은 스마트폰 안에 다 저장되어 있기 때문에 별도로 기억할 필요가 없습니다. 스마트폰으로 결제하기도 하고 송금도 하고 물건을 구입하기도 합니다.

그런데 하나님께서 우리 인간에게 심어놓으신 아주 중요한 프로그램이 두 가지 있습니다. 하나는 순환 프로그램입니다. 이 세상의 자연은 모든 것이 순환하게 되어 있습니다. 즉 아침이 지나면 낮이 오고, 그다음에 밤이 오고, 또다시 아침이 오게 되어 있습니다. 빗물은 냇물이 되어 흐르다가 강물에 합류되고 나중에는 바다에 들어갔다가 다시 증발해서 구름이 되고 빗물이 됩니다. 거기에 비하여 인간은 비순환적으로 되어 있습니다. 즉 인간은 태어나면 성장하게 되어 있고 어느 순간 성장이 멈추면 노화가 시작됩니다. 어린이나 청소년들은 무럭무럭 자랍니다. 그러나 사람은 계속 자라기만 하지 않습니다.

인생은 마치 쏜 화살과 같습니다. 화살은 한번 쏘면 힘차게 날아가다가 나중에는 힘이 떨어져서 땅에 떨어지고 맙니다. 시간도 한번 지나가면 돌이킬 수 없습니다. 그리고 인간은 언제인지는 모르지만 반드시 죽습니다. 인간이 죽을 때는 이 세상에서 자기 것이라고 가지고 있던 것을 하나도 가지지 못하고 몸뚱이조차도 두고 영혼만 어디론가 사라집니다. 이것이 하나님의 절대적인 법칙입니다.

그런데 인간은 또 다른 법칙을 믿고 살아가고 있습니다.

3:1. "범사에 기한이 있고 천하 만사가 다 때가 있나니"

인간이나 동물에게는 무한정의 시간이 주어져 있는 것이 아니라 정해져 있는 시간이 있다는 것입니다. 그래서 인간은 화살을 쏠 때처럼 하나의 방향으로 정확하게 쏘아야 하는데, 이것도 해보고 저것도 해보고 많은 것을 해보려고 애쓰는 것입니다. 그래서 인간이 믿고 있는 법칙은 두 가지입니다. 하나는 성공의 법칙입니다. 즉 이 세상에서 열심히 살면 성공할 수 있다는 것입니다. 산을 오르는 사람이 한발 한발 올라가다 보면 최고 정상까지 올라갈 수 있는 것처럼 인간은 자신의 성공을 믿고 싶어 합니다. 그런데 많은 사람이 산꼭대기까지 올라가더라도 다시 내려와야 한다는 것을 생각하지 않고 산꼭대기에 계속 머물러 있으려고 한다는 것입니다. 사람들은 모두 올라가는 재미로 살아갑니다. 그러다가 더 이상 올라갈 데가 없거나 오히려 내려오게 되면 인생의 회의를 느끼게 되는 것입니다.

그리고 인간은 계속성을 믿습니다. 즉 모든 것이 계속될 것이라고 믿는다는 것입니다. 건강하기만 하면 아프지 않고 얼마든지 구십까지 살 수 있고, 집도 내내 부요할 수 있고, 별 변화 없이 오래 살 수 있으리라 믿는다는 것입니다. 그러나 시간이 지난 후에 보면 얼굴은 늙어 있고, 배는 쭈글쭈글하고, 힘은 자꾸 없어져서 넘어지려고 하고, 기억이 잘 나지 않는 것입니다. 사람이 늙어서 가장 피하고 싶은 것이 치매가 오는 것이고, 또 요양병원에 가는 것입니다. 그러나 자기가 가고 싶어서 가는 것이 아닙니다. 그냥 자기도 모르게 치매가 오고 요양원에 들어가게 되는 것입니다.

그래서 우리가 해야 할 것은 하나님의 이 두 가지 법칙을 인정하는 것입니다. 즉 우리는 매일 늙어가고 있다는 것과 언젠가는 죽어야 한다는 사실을 인정해야 합니다. 그러면 그동안 우리가 해야 할 일이 무엇이겠습니까? 그것은 바로 우리가 무대에 있을 때 멋진 연기를 하는 것입니다. 우리는 무대에 있을 때 남이 뭐라고 하든지 최선을 다해서 우리의 인생을 연주해야 합니다. 그리고 언젠가는 연주를 그만두고 쉬어야 할 때가 있다는 것을 인정해야 합니다.

2. 사람은 변한다

우리는 보통 때라고 하면 성공할 때를 생각합니다. 그래서 사람은 성공할 수 있을 때 과감하게 성공해야 한다고 생각합니다. 또 사람들은 공부할 때가 있다고 생각합니다. 그래서 공부할 때 공부하지 않으면 나중에는 공부하기 힘들다는 것입니다. 그래서 무엇인가 배울 기회가 있을 때 열심히 배워놓아야 합니다. 옛글을 쓰는 사람들은 젊고 영감이 떠오를 때 글을 많이 써놓아야 한다고 생각합니다. 그러나 전도서에서는 좀 더 넓은 관점에서 인생을 보고 있습니다.

처음은 생명에 대한 것입니다.

3:2-3. "날 때가 있고 죽을 때가 있으며 심을 때가 있고 심은 것을 뽑을 때가 있으며 죽일 때가 있고 치료할 때가 있으며 헐 때가 있고 세울 때가 있으며"

"날 때가 있고 죽을 때가 있으며"라고 했습니다. 사람이 태어나는 것은 자기 의사와 상관없이, 어머니 배 속에서 자라다가 태어나게 됩니다. 그런데 이것은 하나님이 나를 이 세상에 태어나게 하시는 것입니다. 그러나 사람은 언젠가는 자기 의사와 상관없이 죽게 됩니다. 그래서 우리가 태어나는 것과 죽는 것은 우리 의사와는 아무 상관 없이 주어지는 삶입니다. 그러나 인간으로 세상에 태어나서 한평생을 산다는 것은 어마어마한 축복입니다. 단지 이 엄청난 축복을 욕심이나 정욕을 위하여 쓰기 때문에 쓰레기 같은 인생을 살고 마는 것입니다.

그리고 "심을 때가 있고 심은 것을 뽑을 때가 있으며"라고 했습니다. 이는 농사의 때를 말합니다. 이 세상에는 계절의 변화가 있어서 봄에 씨를 뿌려야 하고 가을에 거두어야 합니다. 따라서 인간은 순리로 살아야지 역리로 살면 굶어 죽게 됩니다. 그리고 겨울에는 아무것도 먹을 것이 없고 추워지기 때문에 미리 땔감과 식량을 준비해야 합니다. 옛날에는 자신과 식구들이 먹고사는 것과 살 집을 마련하기 위하여 인생을 다 보내었습니다.

또 "죽일 때가 있고 치료할 때가 있으며"라고 했습니다. 사람은 아무리 건강하다 해도 병들 때가 있습니다. 그러면 병원에 가서 치료받아야 하는데 너무 늦게 병원에 가면 아무리 유능한 의사라도 치료할 수 없을 것입니다. 요즘은 의학기술이 너무 발달해서 옛날에는 죽을병에 걸린 사람들도 많이 살려놓습니다. 그럼에도 이 치료는 생명을 연장시켜 주는 것이지, 영원히 살게 하지는 못합니다.

두 번째는 사람의 행복에 대한 것입니다.

3:4-5. "울 때가 있고 웃을 때가 있으며 슬퍼할 때가 있고 춤출 때가 있으며 돌을 던져 버릴 때가 있고 돌을 거둘 때가 있으며 안을 때가 있고 안는 일을 멀리 할 때가 있으며"

사람들은 먹고사는 것만 가지고는 살 수 없습니다. 사람에게는 기쁨이 또 하나의 양식이기 때문입니다. 그래서 새로운 아기가 태어나고 또 아이가 자라는 것을 보면 굉장히 기쁩니다. 그래서 웃기도 합니다. 또 풍년이 들어서 먹을 것이 많아지면 춤을 추기도 할 것입니다. 그러나 가족 중에 누군가가 죽으면 울게 됩니다. 또 전쟁을 위해서 돌로 성을 쌓을 때가 있는가 하면 전쟁에 져서 강제 노역으로 끌려나가서 쌓은 돌을 버리고 노예가 될 때도 있습니다.

세 번째는 중요한 물건에 대한 것입니다.

사람들이 이 세상에 살려고 하면 필요한 것이 있습니다. 그래서 필요한 것은 찾게 되고 필요 없는 것은 버리게 됩니다.

3:6-7. "찾을 때가 있고 잃을 때가 있으며 지킬 때가 있고 버릴 때가 있으며 찢을 때가 있고 꿰맬 때가 있으며 잠잠할 때가 있고 말할 때가 있으며"

사람은 필요한 것이 있으면 사 모으게 됩니다. 그런데 아파트에서 사람들이 이사할 때 보면 웬만한 것은 다 버리고 가는 모습을 볼 수 있습니다. 또 땅이나 성을 지킬 때가 있는가 하면, 더 강한 군대가 오면 땅이나 성을 버리고 도망을 치게 됩니다. 성이나 땅보다 목숨이 더 귀중하기 때문입니다. 사람이 자기 이익과 관계없는 일이면 멋대로 떠들어댑니다. 그러나 정말 자기가 책임을 져야 하고 자기가 사느냐 죽느냐 하는 문제가 닥치면 입을 다뭅니다. 왜냐하면 진짜 중요한 것은 답을 모르기 때문입니다.

네 번째는 진짜 중요한 것인데, 바로 사랑과 평화에 대한 것입니다.

여기서 우리는 솔로몬이 먹고사는 문제에서부터 감정의 문제, 특히 더 중요한 문제로 점점 나아가는 것을 볼 수 있습니다. 아마 사람에게 사랑과 평화보다 더 중요한 것은 없을 것입니다. 남녀가 서로 사랑할 때보다 더 행복한 순간은 없을 것입니다. 그래서 남자들이 전쟁터나 군대에서 견딜 수 있는 것은 사랑하는 사람이 기다리고 있다는 생각 때문입니다. 전쟁을 하면서도 애인이 준 반지를 만지고 심한 훈련을 받으면서도 애인이 준 손수건으로 땀을 닦습니다. 그런데 이 사랑이 결혼하고 아이를 낳고 키우면서 변할 때가 많습니다.

사람은 모두 평화를 원합니다. 열심히 자기 일만 하고 살면 너무나도 행복할 텐데, 사람들이 힘이 넘치면 남의 것을 빼앗으려고 합니다. 그래서 전쟁을 일으켜서 물건을 빼앗고 여자를 빼앗고 나라를 빼앗고자 합니다. 그러나 하나님이 불쌍히 여기시면 평화가 다시 돌아오게 됩니다. 우리는 평화가 하나님이 주신 얼마나 소중한 선물인지 모릅니다. 그래서 인간은 평화로우면 음란하고 탐욕을 부리고 약한 자를 학대함으로써 평화의 자격을 잃어버리고 맙니다. 그러면 수십만이나 수백만 명이 죽는 전쟁이 일어나게 됩니다. 그래서 인간은 먹고 마시고 때로는 미워하고 사랑하면서 싸우고 평화의 시간에 자기 욕망을 채우면서 일생을 보내게 되는 것입니다.

3. 하나님의 축복

우리 인간에게는 자신에게 주어진 삶으로는 절대로 만족할 수 없는 욕구가 있습니다. 인간은 이 세상에서 그것을 찾는데 자기가 최고의 사람이 되어서 그 만족을 누리려고 하는 것입니다. 그러나 인간은 하나의 욕구가 채워지면 더 큰 욕구를 찾고 또 그 욕구가 채워지면 더 큰 욕구를 찾게 되는 악순환에 빠져 끝없는 욕망 가운데서 살게 됩니다. 그러다가 더 이상 더 큰 욕망을 채울 수 없으면 아주 쉽게 욕망을 채우는 방법을 찾게 됩니다. 그것은 바로 성적인 욕망을 채우는 것이고, 술 중독이 되거나 마약 중독이 되거나 혹은 도박을 하는 것입니다. 이것이 사실 성공한 사람들의 고통입니다. 자기 부인을 두고 다른 여자를 사랑하니까 돈도 많이 들고 부인과 자녀와의 관계도 깨어지게 됩니다. 또 술을 마시니까 몸이 망가지게 됩니다. 마약이나 도박은 완전히 인생을 망치는 것입니다. 그래서 하나님께서는 인간이 죄를 덜 짓게 하기 위해 한평생 할 일을 주셨습니다.

3:10. "하나님이 인생들에게 노고를 주사 애쓰게 하신 것을 내가 보았노라"

먹고 살기 위해서 죽도록 일을 할 때 죄를 덜 짓게 되고 자기에게 주어진 작은 일에 감사하며 만족하게 되는 것입니다. 하나님께서는 인간에게 죽을 때까지 일을 하게 하심으로 인생이 지겹지 않도록 죄를 덜 짓게 하신 것입니다.

그리고 하나님께서는 인간에게 죽도록 일만 하게 하신 것이 아니라 때를 따라 아름답게 하셨습니다.

3:11상. "하나님이 모든 것을 지으시되 때를 따라 아름답게 하셨고"

하나님께서는 어린아이는 어린아이대로, 청년은 청년대로, 장년은 장년대로 "아름답게" 하셨습니다. 노인도 흰 머리에 아주 젠틀할 때 늙는 것에 대한 두려움이 사라질 것입니다. 전에 한 교인의 아버지는 105살이었는데 조금도 허리가 꾸부정하지 않고 지팡이도 짚지 않고 당당하게 경로잔치에 오셨습니다. 그때 할머니들이 그 어른 주위에 모여서 무엇을 먹어서 그렇게 건강하냐고 묻고 또 많은 분이 늙는 것에 대한 두려움을 이기게 되었다고 했습니다.

그런데 가장 중요한 것은 바로 여기에 나옵니다. 그것은 하나님이 인간에게 영원을 사모하는 마음을 주셨다는 것입니다.

3:11하, "또 사람들에게는 영원을 사모하는 마음을 주셨느니라 그러나 하나님이 하시는 일의 시종을 사람으로 측량할 수 없게 하셨도다"

하나님은 인간에게 영원을 사모하는 마음을 주셨습니다. 그래서 모든 인간은 인간의 삶이 이 세상에서 죽는 것으로 끝나는 것이 아니요, 또 다음 삶이 있을 것이라는 기대를 하게 된 것입니다. 모든 사람은 딱 한 번만 살고 죽기에는 너무나도 아까울 만큼 잘 지어졌기 때문입니다. 그래서 인간은 막연하게 하나님이 계실 것으로 생각합니다. 우리 인간이 하나님의 형상으로 만들어졌기 때문입니다. 그래서 인간이 후회 없는 삶을 살려고 하면 이 세상에서 하나님을 만나야 합니다. 하나님을 믿는 것이 자기 인생을 건지는 것입니다.

하나님께서는 인간에게 미래를 알지 못하게 하셨습니다. 인간은 자신의 미래를 알지 못합니다. 단지 하나님을 믿는 믿음으로 걸어가면 되는 것입니다. 그리고 인생 전체를 하나님의 말씀에 맞추어서 화살을 쏘듯이 똑바로 걸어가야 합니다. 좁은 문으로 들어가라고 하면 좁은 문으로 들어가고, 좁은 길로 가라고 하면 좁은 길로 가야 합니다. 의인은 믿음으로 살리라고 하면 믿음으로 살아야 하는 것입니다.

09

풀리지 않는 문제

전 3:13-22

영화 〈마지막 황제〉를 보면 선통제 푸이가 실권이 없으면서 황제의 자리에 있습니다. 그러다가 국민당에게 청나라가 망하고 그다음 중공이 들어오게 되는데, 그때 푸이는 사상이 나쁘다고 해서 교도소에 들어가서 십수 년간 죄수로 있게 됩니다. 그런데 놀라운 것은 그런 교도소 안에서도 푸이는 자기 발을 자기가 안 씻고 같이 들어간 동생이 씻어주고 닦아준다는 것입니다. 푸이는 완전히 평민으로 사상 개조가 된 후에 자기가 황제로 있던 자금성을 찾아갑니다. 푸이는 입장료를 내고 옛날 자기 집으로 들어갑니다. 그러나 세상은 너무 변했고 푸이는 완전 평민이 되어 있었습니다.

우리는 이 세상에 살면서 이 세상에 사는 목적이 무엇인가 알고 싶어합니다. 어떤 고3 학생은 여름 수련회에 갔다가 사람은 결국 죽게 된다고 하면서 관에 들어가는 체험을 했습니다. 이 학생은 충격을 받고는 공부도 하지 않고 니체의《차라투스트라는 이렇게 말했다》는 책이나 읽으니까 그의 부모는 교회 전도사님에게 전화해서 '왜 그런 식으로 아이에게 충격을 주어서 공부를 못하게 하느냐? 대학에 들어가면 그런 것을 생각할 시간이 얼마든지 있지 않느냐?' 고 하면서 항의했다고 합니다.

우리는 이 세상에 살면서 내가 이 세상에 사는 목적이 무엇이냐 하는 아주 어려운 문제를 풀어야 합니다. 인간은 짐승과는 다른 것이 분명합니다. 인간만이 뛰어난 문명을 만들어낼 수 있었기 때문입니다. 우리가 사용하는 시계나 스마트 폰, 자동차와 지하철도 전부 문명입니다. 인간은 너무나도 뛰어난 문명을 만들어내었습니다. 물론 사람은 너무 골치 아픈 것을 생각하지 말고 매일 일하고 먹고 마시고 잠자면서 살 수 있습니다. 그러나 내 인생의 목적이 이것이 전부라고 말할 수도 없습니다. 내가 이 세상에 태어난 목적은 우리 힘으로는 영원히 풀 수 없는 문제입니다.

1. 인간은 왜 사는가?

우리는 이 세상에 태어나면 무조건 살아야 합니다. 우리가 살고 싶든지 살고 싶지 않든지 간에 숨은 자동적으로 쉬어야 하고, 배가 고프면 고통스러워서 음식을 먹지 않을 수 없습니다. 그리고 잠을 자지 못하면 미칠 것 같이 괴로워서 특별한 경우가 아니라면 잠을 자게 되어있습니다. 그래서 사람은 자기가 왜 이 세상에 살아야 하는지도 모르면서 자동적으로 살게 되어 있습니다.

3:13, "사람마다 먹고 마시는 것과 수고함으로 낙을 누리는 그것이 하나님의 선물인 줄도 또한 알았도다"

사람에게 먹는 재미는 아주 중요한 부분을 차지합니다. 사람이 음식을 먹지 않으면 거의 할 일이 없기 때문입니다. 어떤 사람은 무슨 병이 있든지 아니면 다이어트를 하느라고 음식을 잘 먹지 않습니다. 그러면 인생의 가장 큰 기쁨 중에서 하나를 잃어버리는 것입니다. 건강을 위해서 또 다른 사람에게 날씬하게 보이기 위해서 수없이 다이어트를 결심하고 시도를 합니다. 그러나 사람이 먹는 것을 완전히 포기할 수는 없습니다. 왜냐하면 이 기쁨은 원래 하나님이 우리 인간에게 주신 것이기 때문입니다.

그런데 세상은 학벌과 실력에 따라서 아주 다양한 직업이 있어서 학생들은 어떻게 해서든지 좋은 직장에 들어가고 자기 시간을 많이 만들 수 있는 직장을 원하기 때문에 공부를 열심히 해야 하는 것입니다. 그러나 모든 사람은 나이가 들면 정년퇴직을 하게 되고 더 이상 옛날같이 좋은 직장에서 일을 하지 못하고 연금으로 살든지 아니면 훨씬 적은 월급을 주는 자리라도 찾아서 일을 하게 됩니다. 사람이 아무리 부인하려고 해도 할 수 없는 것이 나이입니다. 노인은 아무리 자기가 인정하기 싫어도 노인인 것을 부인할 수 없습니다. 왜냐하면 이것은 하나님이 정하신 것이기 때문입니다.

3:14. "하나님께서 행하시는 모든 것은 영원히 있을 것이라 그 위에 더 할 수도 없고 그것에서 덜 할 수도 없나니 하나님이 이같이 행하심은 사람들이 그의 앞에서 경외하게 하려 하심인 줄을 내가 알았도다"

어떤 분은 운동을 열심히 해서 근육이 굉장히 좋았는데 사람들이 이 사람을 보고 나이보다 훨씬 젊어 보인다고 칭찬했습니다. 이분의 나이는 칠십 세가 넘었지만 신체 나이는 30세밖에 안 된다고 했습니다. 그러나 이분은 얼마 있지 않아서 심장마비로 차에서 돌아가시고 말았습니다.

사실 사람이 나이 든다는 것은 정말 공평한 것입니다. 전 세계 사람들이 모두 다 똑같이 일 년에 한 살씩 나이가 들게 되어 있기 때문입니다. 그러나 사람은 나이가 들면 들수록 자기만 나이가 드는 것 같고 억울한 느낌이 들게 됩니다. 나이가 들면 가장 먼저 일어나는 현상이 기억력이 현저하게 나빠지는 것입니다. 특히 사람 이름을 잘 기억할 수 없습니다. 그리고 허리가 아프게 됩니다.

그리고 어린이는 자기가 어린이라는 것을 인정해야 합니다. 어린이가 담배를 피운다고 어른이 되는 것도 아니고, 넥타이를 맨다고 해서 어른이 되는 것도 아닙니다. 또 나이 드신 분이 성형 수술을 해서 얼굴을 반반하게 할 수 있지만 허리가 아픈 것이나 기억력이 없어지는 것은 막을 수 없습니다. 이것은 자신에게만 일어나는 것이 아니라 이 세상 모든 사람에게 일어나는 일입니다.

3:15, "이제 있는 것이 옛적에 있었고 장래에 있을 것도 옛적에 있었나니 하나님은 이미 지닌 것을 다시 찾으시느니라"

사람이 어린아이로 있다가 청년이 되고 나중에 노인이 되는 것은 옛날에도 있었고 앞으로 미래에도 있을 일입니다.

그런데 나이가 든 사람이 억울한 것이 있습니다. 그것은 바로 자기 정신은 젊었을 때와 똑같다는 것입니다. 노인도 옛날같이 사랑하고 싶고, 젊은이와 이야기하고 싶고, 아직 마음은 옛날 젊었을 때에 비해서 조금도 달라진 것이 없습니다. 그러나 다른 사람들이 보기에는 나이가 들었고 이마가 까졌으며 이미 대화를 나눌 수 없는 사람이 되어버린 것입니다. 젊은 사람은 젊은 사람끼리 놀려고 하지, 노인이 한 명이라도 섞여 있으면 재미없다고 해서 딴 곳으로 가버립니다.

이 세상에 태어나서 어린이가 되어 자라고 청년이 되고 노인이 되는 것은 하나님께서 주신 최고의 선물입니다. 우리가 이 세상에 태어나서 한번 살아보는 것은 엄청난 일입니다. 그런데 그중에서 좋은 대학을 나오고, 유명한 피아니스트가 되고, 결혼해서 아기를 낳고, 또 사업에 성공한다는 것은 정말 좋은 일입니다.

우리나라 한 학자는 90세가 넘어서도 유튜브를 하고 있습니다. 그런데 그분이 하는 말이 아무리 감추려고 해도 목에 있는 주름은 감출 수 없다고 했습니다. 그는 늘 휠체어를 타고 있고 목에는 머플러를 감고 있습니다. 그리고 이제는 일어설 힘이 없다고 했습니다. 이것은 하나님께서 모든 인간에게 정하신 것입니다. 사람들이 젊었을 때는 힘이 있고 머리가 좋으면 이 세상의 모든 것을 자기 뜻대로 다 할 수 있을 것 같습니다. 그러나 어느새 세월이 화살처럼 지나가서 자꾸 넘어지고 뛸 수 없어집니다. 인생의 마지막이 다 되어가고 있는 것입니다.

우리가 로마에 가서 미켈란젤로가 만든 다윗 상을 보면 영원히 젊음 그대로 있을 것 같습니다. 그러나 성경을 보면 다윗도 늙으니까 혈액 순환이 잘 되지 않아서 아무리 이불을 덮어도 추위를 견디지 못했다고 했습니다. 그래서 젊은 여자를 구해서 같이 자게 했다고 했습니다. 사람은 태어나면 자동적으로 살게 되어 있고 자라고 늙어가게 되지만, 인생의 목적은 알 수 없습니다.

2. 인간에게는 심판이 있다

신약 히브리서에는 참 무서운 말씀이 하나 있습니다. 그것은 9장 27절인데 "한번 죽는 것은 사람에게 정해진 것이요 그 후에는 심판이 있으리니" 입니다.

모든 사람은 이 세상에 딱 한 번만 살 수 있습니다. 우리는 한번 살다가 마음에 들지 않으면 죽었다가 또 살고 또 죽었다가 또 살고 그렇게 할 수 없습니다. 그런데 우리가 어렸을 때는 아무것도 모릅니다. 오직 육체의 본능만이 있습니다. 즉 옳고 그른 것을 잘 모르는 것입니다. 우리는 부모님을 통해서 학교를 통해서 무엇이 옳고 무엇이 그른 것인지를 배우게 됩니다.

우리나라에서는 시험을 치면서 커닝하거나 논문에서 남의 글을 베껴서 쓰는 것은 그럴 수 있는 것으로 생각합니다. 그러나 미국에서는 이렇게 하는 것을 치팅(cheating) 또는 표절이라고 하여 절대로 용납할 수 없는 죄로 생각합니다. 그래서 논문이나 리포트를 표절하면 학교 퇴학은 물론이고 여자 친구나 남자 친구들도 아예 인간으로 상대하지 않습니다. 그리고 결혼한 사람은 교수직도 잃어버리고 이혼당하기까지 합니다. 그리고 정치인이 거짓말한 것이 들통이 나면 그 자리에서 무슨 게이트가 되어서 감옥에 들어가게 됩니다. 우리나라는 아무리 거짓말을 해도 뭐라고 하는 사람이 없고, 차라리 거짓말을 해서라도 끝까지 버티는 사람이 성공하는 사회인데, 미국은 다른 것은 몰라도 거짓말은 용납하시 않는 사회입니다.

우리가 이 세상을 한번 사는 것으로 끝난다면 이렇게 산들, 저렇게 산들 아무 문제가 없을 것입니다. 그러나 사람은 인생에 대해서는 자기가 책임을 져야 합니다. 결국 사람이 이 세상에 살게 하신 것은 하나님의 뜻입니다. 그래서 인간은 자기 능력에 따라서 얼마든지 성공할 수 있고 업적을 남길 수 있습니다. 그러나 그 후에는 반드시 하나님의 심판이 있음을 기억해야 합니다.

3:16-17, "또 내가 해 아래에서 보건대 재판하는 곳 거기에도 악이 있고 정의를 행하는 곳 거기에도 악이 있도다 내가 내 마음속으로 이르기를 의인과 악인을 하나님이 심판하시리니 이는 모든 소망하는 일과 모든 행사에 때가 있음이라"

이 세상에서 모든 사람의 삶은 다른 사람의 평가를 받습니다. 어떤 사람은 굉장히 청빈한 사람인 것 같았는데 알고 보니까 돈 욕심이 엄청 많은 사람이 있습니다. 어떤 사람은 악을 행한 것 같은데 의리 때문에 어쩔 수 없어서 자신을 희생 시킨 경우도 있을 것입니다.

그러나 하나님 앞에 서보니까 아무리 의로운 사람도 다른 사람 몰래 악을 행하고 돈을 모았으며, 악한 사람인 줄 알았는데 억울한 누명을 쓰고 죽은 사람도 있는 것입니다. 결국 인간의 삶은 무한히 계속되는 것이 아니라 일차적으로 이 세상 사람들로부터도 판단을 한번 받고 하나님 앞에서 정말 철저한 조사를 받게 되는 것입니다.

그래서 진정으로 가치 있게 사는 사람은 미리 하나님의 말씀을 알아서 자신의 삶을 바꾸는 사람입니다. 결국 자기 하고 싶은 대로 끝까지 가는 사람은 나중에 숨은 비밀이 다 드러나서 고개를 들 수 없을 정도로 악한 사람으로 나타나게 됩니다. 하나님은 한 영혼이 온 천하보다 귀하다고 하셨습니다. 또 "먼저 그의 나라와 그의 의를 구하라 그리하면 이 모든 것을 너희에게 더하시리라"(마 6:33), "심령이 가난한 자는 복이 있나니 천국이 그들의 것임이라"(마 5:3) "내 말을 듣고 또 나 보내신 이를 믿는 자는 영생을 얻었고"(요 5:24), 누구든지 예수 이름을 믿고 죄 사함을 받고 성령을 받으라고 했습니다. 하나님의 말씀을 미리 듣고 인생을 바꾸는 사람이 성공한 사람입니다.

3. 사람과 짐승의 다른 점

사람들이 짐승을 키워보면 참 신기한 것이 많습니다. 짐승도 어느 정도 지능이 있습니다. 분노의 감정도 있고 모성애도 있고 기억력도 있습니다.

그러나 인간이 만든 문명을 보면 아무리 개나 원숭이가 머리가 좋아도 인간 같은 지능이 있을 수 없습니다. 특히 짐승은 영혼이 없어서 하나님을 생각할 수 없습니다. 이 점이 사람과 짐승의 가장 큰 차이점입니다.

짐승도 정신은 있어서 먹이를 먹는데 특히 야생동물이 사냥하는 것을 보면 얼마나 대단한지 모릅니다. 사자의 당당함, 표범의 스피디함, 하마의 우직함, 말들의 달리는 힘, 개들의 충성심 등을 보면, 정말 이 모든 것이 놀랍지만 동물은 하나님을 생각할 수 있는 영혼이 없습니다.

그러나 짐승이나 사람이나 몸은 모두 흙으로 만들어졌기 때문에 영원하지 않습니다. 때가 되면 모두 다 죽습니다. 병으로 죽든지 사고로 죽든지 총에 맞아 죽든지 다 죽습니다. 그리고 사람이나 짐승이나 죽으면 모두 다 썩습니다. 이것을 잘 분해시키는 것이 구더기입니다. 그리고 광야에서는 독수리나 하이에나나 까마귀들입니다.

그런데 솔로몬은 그 후에 엄청난 사실을 알게 되었습니다.

3:21. "인생들의 혼은 위로 올라가고 짐승의 혼은 아래 곧 땅으로 내려가는 줄을 누가 알랴"

"인생들의 혼은 위로 올라가고"는 하나님을 아는 영혼이 있다는 것입니다. 그런데 "짐승의 혼은 아래"로 내려간다는 것은 살아있는 동안 정신은 있지만 하나님을 아는 영혼이 없다는 것입니다. 그러나 인간이 하나님을 안다고 해서 다 구원을 받는 것이 아닙니다. 이 세상에서 하나님의 말씀을 듣고 하나님을 만나야 왜 내가 살아야 하는지 숙제가 풀리게 됩니다. 결론적으로 이 세상에서 하나님을 늘 인식하며 하나님을 믿는 믿음으로 살아야 모든 인생의 의문이 풀리게 되는 것입니다.

10

실패한 인생

전 4:1-8

사람은 누구든지 이 세상에서 성공한 인생을 살기를 원합니다. 기업가로 성공하든지, 학자로 성공하든지, 정치인으로 성공하든지, 음악가로 성공하든지, 운동선수로 성공하든지, 군인으로 성공하든지 누구든지 다 성공하기를 바라고 열심히 앞을 향하여 달려갑니다. 요즘 우리나라 K-Pop 노래가 세계적인 유행을 타고 있기 때문에 가수로 성공하면 엄청난 인기를 끌게 될 것입니다. 더욱이 학자가 세계적인 인정을 받는다든지 혹은 노벨상을 받는다면 대성공을 했다고 말할 수 있을 것입니다.

그러나 남들이 보는 것과 본인의 생각은 많이 다른 것을 볼 수 있습니다. 어떤 학자는 노벨상을 받았는데 사람들이 자기가 모든 것을 다 아는 것처럼 생각하거나 혹은 어디를 가든지 노벨상을 받았다고 말하는 것이 부담된다고 했습니다. 또 어떤 사람은 군인으로 별까지 달았지만 정권을 잡은 자가 교체되는 바람에 감옥에 가거나 자살하는 경우도 있습니다.

영국에는 똑같은 왕위 계승자이지만 각자의 길이 완전히 다른 것을 볼 수 있습니다. 영국의 해리 왕자는 죽은 다이애나비가 낳은 두 번째 왕자입니다. 해리는 영국 사회에 큰 파문을 던졌는데 그는 혼혈 출신이며 이혼 경력이 있는 미국 배우 매건과 결혼했기 때문입니다. 또 해리는 영국 왕실이 자기에게 쓸데없는 간섭을 많이 한다고 하면서 왕실의 모든 유산과 지위를 포기하고 미국에 이민 가서 평민으로 살아가겠다고 했습니다.

우리는 이 세상에서 성공하고 유명해지는 것도 좋지만 어떻게 해서든지 조심해서 인생의 늪이나 함정에 빠지지 않는 것이 중요합니다.

1. 살얼음판 같은 세상

추운 겨울이 되면 강이나 못에 얇은 얼음이 얼게 됩니다. 어떤 때는 얼음이 두꺼워져서 얼음 위를 걸어 다닐 수도 있지만 살얼음이 언 곳은 아주 조심해서 걸어가야 합니다. 그렇지 않고 발에 힘을 주어서 밟고 가게 되면 얼음이 깨어지면서 강이나 못에 빠져서 죽게 됩니다.

우리나라에서 유명한 등산가가 있었습니다. 이 사람은 히말라야의 가장 높은 산 열네 개 봉우리를 정복한 사람이었습니다. 이분의 표어는 '조금 더 높이, 조금 더 빨리'가 아니라 '집에서 집으로'였습니다. 즉 에베레스트나 K2 같은 높은 봉우리의 정복만이 중요한 것이 아니라, 안전하게 올라갔다가 반드시 안전하게 집으로 돌아와야 한다는 것이 그분의 모토였습니다. 그는 망원경으로 산을 관찰하다가 폭풍이나 눈사태의 조짐이 있으면 등산을 포기하고 절대로 산에 올라가지 않았습니다. 그러나 그는 여러 사람을 데리고 에베레스트를 올라가다가 강풍에 날려서 몇 백 미터를 날아가는 바람에 모든 대원이 다 죽고 말았습니다.

우리가 살아가는 이 세상은 참 아름답고 좋은 것들이 많이 있지만 사실은 살얼음판같이 깨어져서 구덩이에 빠지기 쉬운 곳이기도 합니다. 그래서 우리는 처음부터 끝까지 조심해서 걸어가야 구덩이에 빠지지 않습니다.

4:1. "내가 다시 해 아래에서 행하는 모든 학대를 살펴 보았도다 보라 학대 받는 자들의 눈물이로다 그들에게 위로자가 없도다 그들을 학대하는 자들의 손에는 권세가 있으나 그들에게는 위로자가 없도다"

여기서 "학대 받는다"는 것은 종이나 노예나 포로로 붙들려가서 인간 대접을 받지 못하고 멸시와 천대를 받으면서 조롱을 당하고 욕을 먹는 것을 말합니다. 옛날에 노예나 종으로 잡혀가는 대표적인 경우는 빚을 많이 지거나 전쟁 포로가 되거나 도둑질이나 나쁜 짓을 하다가 잡혔을 때입니다. 요즘은 나쁜 짓을 하면 경찰에 붙들려가기도 전에 언론으로부터 먼저 심한 비판을 받습니다. 그 사람의 얼굴이 신문에 대문짝만 하게 나오면서 그 사람이 한 모든 비행이 다 드러나는 것입니다. 그러면 그 본인은 물론이고 가족들은 그 동네에서 얼굴을 들고 다닐 수 없게 됩니다. 그런 것이 현대식으로 학대를 당하는 것입니다.

젊었을 때는 조심해야 할 것이 몇 가지 있는데 일단 마약을 하다가 잡히면 망합니다. 또 학교에서 시험을 치면서 커닝하다가 걸리게 되면 실패한 인생이 되고 맙니다. 어떤 쌍둥이 여학생은 아버지가 자기 학교 교무 부장인데 미리 빼돌린 답안으로 둘 다 전교 일등을 하는 바람에 결국 의심을 사서 아버지는 감옥에 가고 그들도 퇴학당하게 되었습니다. 어떤 교수는 자기 딸을 의사로 만들기 위해서 상장과 인턴 경력을 허위로 작성했다가 들통나는 바람에 학교 졸업장이 취소되었습니다. 그리고 부모는 모두 실형이 떨어져 감옥에 들어가고 잘못하면 식구들 전체가 같이 콩밥을 먹게 될지도 모릅니다. 이들은 자기 머리만 믿고 세상을 너무 우습게 생각한 사람들입니다.

그뿐만 아니라 '미투' 에 걸리면 인생을 망치게 됩니다. 사람이 아무리 성공해서 유명하다 하더라도 여성 관계를 잘못하면 결국 여성에게 수치심을 주었다고 해서 감옥에 가게 되든지 자살로 인생을 마감하게 됩니다.

목회자들은 목회가 얼음판 위를 걷는 것임을 알게 됩니다. 사람이 보든지 말든지 조심해서 한 걸음씩 걸어가야지, 무리해서 유명해지거나 무리해서 성공하면 얼음이 깨어지면서 천 길 낭떠러지로 떨어지게 되는 것입니다.

사실 신앙이 좋았던 다윗도 '미투' 에 걸렸습니다. 신하의 아내를 왕궁에 데려다가 관계를 했는데 여자가 임신하는 바람에 문제가 커지게 되었습니다. 다윗은 그 죄를 감추려고 여자의 남편을 죽게 하고 여자를 자기 부인으로 삼았지만, 하나님의 눈은 속일 수 없었습니다. 하나님은 다윗을 쳐서 죽게 하려고 하시다가 선지자를 보내어 죄를 실토하게 하였는데, 그가 얼마나 울면서 회개했던지 침상이 눈물에 뜰 정도였다고 했습니다. 다윗은 정욕을 이기지 못해서 구덩이에 빠졌다가 겨우 살아난 케이스였습니다.

거기와 비교하면 요셉은 성공한 사람이었습니다. 그가 형들의 시기를 받아서 다른 나라에 종으로 팔려갔을 때 망한 것 같았습니다. 또 여주인의 유혹을 물리치는 바람에 누명을 뒤집어쓰고 감옥에 가게 되었을 때 망한 것 같았습니다. 그러나 요셉은 '나는 하나님 앞에서 이 무서운 죄를 지을 수 없다' 고 결심했습니다. 결국 요셉은 인생 밑바닥까지 내려갔지만, 거기서 엘리베이터를 타고 최고의 자리까지 오르게 되었습니다. 그는 권력을 가진 후에도 형들에게 복수하지 않았습니다. 그는 인생을 살얼음판 걷듯이 살아서 성공했습니다.

그래서 솔로몬은 인생을 조심하지 않고 마음대로 살아가는 자는 지금 너무나도 불행한 길을 가고 있다고 말하고 있습니다.

4:2-3. "그러므로 나는 아직 살아 있는 산 자들보다 죽은 지 오랜 죽은 자들을 더 복되다 하였으며 이 둘보다도 아직 출생하지 아니하여 해 아래에서 행하는 악한 일을 보지 못한 자가 더 복되다 하였노라"

죽은 지 오래된 사람은 이미 인생의 평가가 끝난 사람입니다. 그러나 지금 살아있는 사람은 아직 시험을 치고 있는 사람이기 때문에 항상 긴장해야 합니다. 그리고 출생하지 않은 자라는 것은 사람들이 너무 준비 없이 태어나는데 준비가 좀 되고 태어나면 좋겠다는 뜻입니다. 사람들이 망하는 지름길은 술을 좋아하는 것이고, 도박을 좋아하는 것이고, 불법을 저지르는 것입니다. 예수님은 가룟 유다에게 차라리 세상에 태어나지 않았으면 좋을 뻔했다고 하셨습니다.

2. 법을 어기는 자

사람이 너무 특출하면 다른 사람들의 시기를 받게 됩니다. 우리 속담에도 '모난 돌이 정을 맞는다'는 말이 있듯이 평범하지 못하고 너무 튀게 되면 더 강한 자의 공격을 당하게 될 때가 있습니다.

예를 들어서 양은 목자의 인도를 따라가고 또 밤에는 우리 안에 있는 것이 안전합니다. 그런데 양 중에도 자기가 너무 뛰어나서 목자의 인도를 받거나 울타리 안에 갇혀 있는 것이 너무 따분하다고 생각하는 양이 있을 것입니다. 그런 양은 울타리를 뛰어넘어서 더 넓은 들판을 돌아다니면서 풀을 뜯어 먹거나 혹은 이리나 사자 같은 맹수와 친구를 했으면 좋겠다고 생각하게 될 것입니다. 그러면 어떻게 되겠습니까?

태평양의 어떤 섬은 굉장히 가난하고 한적한 작은 섬이었습니다. 그 섬은 갈매기 같은 새의 배설물이 모여서 된 섬이었는데, 그 인광은 비료를 만드는데 중요한 원료가 되었습니다. 그래서 갑자기 그 섬 사람들은 일을 하지 않고 그곳의 흙을 팔아서 엄청난 돈을 벌었습니다. 그래서 바다의 물고기를 먹던 사람들이 소고기나 고기 통조림을 사 먹게 되었고 일하는 사람이 아무도 없었습니다. 그 비료 원료가 되는 흙이 있는 한 일을 할 필요가 없었기 때문입니다. 그러나 그곳 사람들이 갑자기 영양가 좋은 육류를 먹으니까 모두 고혈압과 당뇨가 생기고 비만하게 되어 심각한 사회문제가 되었습니다. 그러다가 어느 순간 그 섬에는 그 흙이 나오지 않게 되었습니다. 결국 그 섬 사람들은 다시 농사도 짓지 못하고 고기도 잡지 못해서 모두 굶어 죽을 형편이 되었습니다. 노력하지 않고 무리하게 부를 누리려고 하면 망하게 됩니다.

4:4, "내가 또 본즉 사람이 모든 수고와 모든 재주로 말미암아 이웃에게 시기를 받으니 이것도 헛되어 바람을 잡는 것이로다"

뛰어난 실력을 가진 사람은 결국 성공하게 되어 있습니다. 어떤 사람은 덕이 있어서 다른 사람을 격려하고 겸손을 유지해가면서 성공하니까 다른 사람들의 시기도 받지 않고 오히려 팬들이 많아지게 됩니다. 그런데 어떤 사람은 유명하게 되니까 갑질을 하는 사람이 있습니다. 그러면 그 사람에게는 적이 많이 생기게 됩니다. 그러다가 사고를 치게 되면 그것이 대서특필 되면서 그 좋던 인기는 떨어지고 망하게 되는 것입니다. 진정한 승리자가 되려면 다른 사람이 흔들어도 떨어지지 않는 아량과 실력이 있어야 하는 것입니다. 이 세상은 강한 자가 약한 자를 잡아먹는 세상입니다. 그래서 마을에 큰 백화점이나 마트가 하나 들어서면 자그마한 가게는 다 문을 닫게 됩니다.

서울에 초대형 교회가 하나 들어서면 주위에 있는 작은 교회 수백 개가 없어지게 됩니다. 큰 교회가 작은 교회 교인들을 다 뺏어가기 때문입니다. 그러면 그 큰 교회 목사님은 모든 직책을 다 가지고 유명한 사람이 되고, 정치인들은 뻔질나게 그런 교회를 찾아갑니다. 또 목사가 너무 성공해서 교회를 엄청나게 키우다 보니까 모르는 다른 목사에게 넘겨줄 수가 없는 것입니다. 그래서 자기 아들을 담임 목사로 세우니까 온 세상이 그 목사를 비난하는 것입니다.

어떤 단체에 시기하는 사람이 많으면 위험합니다. 무슨 잘못이 터지게 되면 그 사람들은 다 적이 되기 때문입니다. 그래서 언제나 룰을 지키고 신사적이고 너무 튀지 않는 것이 좋습니다. 그리고 사소한 것으로 적을 만들지 않는 것이 좋습니다. 저는 지방에서 정말 별것 아닌데 다른 사람을 적으로 만드는 사람을 많이 보게 됩니다. 그런 사람들은 결과가 좋지 않습니다. 사람의 인격이 원만하면 나중에 끝까지 복을 받습니다. 그러나 자꾸 다른 사람을 들이박고 자기가 최고라고 생각하는 사람은 실패하게 됩니다.

3. 탐욕에 사로잡힌 자

사람에게는 모두 욕심이 있습니다. 또 건전한 욕심이 있어야 발전이 있습니다. 그런데 천성적으로 게으른 사람이 있습니다. 이런 사람은 팔짱을 끼고 남들이 자기 일을 다 해주기를 바랍니다. 이런 사람을 왕자 병에 걸린 사람이라고 하는데, 하인들이 모든 일을 다 해주고 자기는 아무 일도 하지 않기 때문입니다.

4:5, "우매자는 팔짱을 끼고 있으면서 자기의 몸만 축내는도다"

"팔짱을 끼고 있으면서" 구경만 하는데 왜 자기의 몸만 축이 날까요? 이런 사람은 먼저 정신이 건강하지 못하게 되기 때문입니다. 하나님은 반드시 사람에게 이마에 땀을 흘려서 먹을 것을 만들라고 하셨습니다. 그러나 천성적으로 게으른 자는 사기를 치거나 아니면 부모의 재산을 축내면서 아무것도 하려고 하지 않습니다. 요즘 사람들의 건강이 좋지 못한 것은 자동차 때문이기도 합니다. 약간이라도 먼 거리는 걸어갈 생각을 하지 않고 반드시 차를 운전해서 갑니다. 그러니까 하체의 힘이 너무나도 없는 것입니다. 그래서 가장 좋은 자가용은 벤츠가 아니라 두발 자가용입니다. 옛날 사람들은 엄청나게 걸었습니다. 그래서 비만이나 당뇨나 고혈압이 없었습니다. 그 대신 먹을 것이 별로 없어서 죽었던 것입니다.

어떤 청년들은 게임을 해서 돈을 벌려고 하고, 어떤 사람들은 나쁜 비디오를 찍어서 돈을 벌려고 합니다. 그래서 여자 화장실에 몰래 카메라를 설치하기도 하고 지하철 같은 데서 여성들의 치마 밑에 스마트 폰을 넣어서 사진을 찍다가 발각되어 잡혀가는 것입니다.

어떤 사람은 두 손을 무리하게 잡고 놓지 않으려고 싸우기도 합니다.

4:6, "두 손에 가득하고 수고하며 바람을 잡는 것보다 한 손에만 가득하고 평온함이 더 나으니라"

어떤 사람이 사업이 잘되면 지점을 여러 개 개설하게 됩니다. 그리고 이 지점들이 모두 잘 되게 하려면 심하게 압박해야 합니다. 그러면 그동안에 전체적인 품질은 떨어져서 나중에 사람들로부터 그 제품에 대한 인식이 나빠지게 됩니다. 한 가지만 잘하고 품질을 아주 고품질로 유지하는 것이 수입은 적을지 몰라도 더 좋은 이미지를 만들 수도 있을 것입니다.

또 이 세상에서 인간의 가치를 무시하고 오직 돈이나 사업만을 위해서 사는 사람들이 있습니다.

4:8, "어떤 사람은 아들도 없고 형제도 없이 홀로 있으나 그의 모든 수고에는 끝이 없도다 또 비록 그의 눈은 부요를 족하게 여기지 아니하면서 이르기를 내가 누구를 위하여는 이같이 수고하고 나를 위하여는 행복을 누리지 못하게 하는가 하여도 이것도 헛되어 불행한 노고로다"

어떤 사람은 부모나 자식을 사랑할 줄을 모릅니다. 왜냐하면 이 사람에게는 돈이 가장 중요하기 때문입니다. 그는 결코 가난하지 않습니다. 그러나 내가 번 돈으로 다른 사람을 행복하게 할 수 없다고 생각합니다. 이런 사람은 집을 사고 또 사고 돈을 모으고 또 모으는데, 나중에는 고생만 실컷 하고 암에 걸려서 죽어버리는 것입니다.

사람을 수단으로 생각하지 말고 목적으로 삼아야 이런 이기적인 행동을 하지 않게 됩니다. 결국 예수를 모르고 세상에서 성공하는 것은 멸망하는 지름길이 됩니다. 살얼음판 같은 세상을 조심해서 걸어가는 성도들이 다 되시기 바랍니다.

11

부족한 인생

전 4:9-16

우리 한 사람 한 사람은 신체적으로 완전합니다. 심지어 어린 아기조차도 모두 손가락이 있고 발가락이 있고 귀가 있는 완전한 몸을 가지고 있습니다. 어린 아기의 손가락이나 발가락을 보면 얼마나 신기한지 모릅니다. 그러나 인간은 감정적으로는 아주 불안한 상태에 있습니다. 우리는 감정적으로 다른 사람을 의존하거나 도움을 받지 않으면 살 수 없게 되어있습니다. 그래서 어린 아기는 엄마가 있어야 안심하고 있을 수 있습니다. 아기는 엄마 냄새를 맡든지 아니면 엄마 옷을 입은 사람을 보거나 엄마의 음성을 들어야 안심이 되는 것입니다. 청년들은 또 자기가 사랑할 수 있는 사람을 만나야 안심할 수 있습니다. 그러나 우리가 다른 사람과 감정적으로 연합하려고 하면 내 자신의 일부분을 포기하고 다른 사람을 받아들여야 합니다.

'독불장군' 이라는 말이 있습니다. 자기만이 최고라고 생각해서 다른 사람의 말을 듣지 않고 자기 고집대로만 사는 사람을 말합니다. 대개 나라가 망할 때 왕이나 장군들이 독불장군인 경우가 많은데 그것은 여러 사람의 지략을 이기지 못하기 때문입니다. 그래서 혼자 너무 똑똑한데다가 고집이 센 사람은 자기만 망하는 것이 아니라 모든 사람을 데리고 불구덩이로 뛰어들어 죽게 됩니다.

하나님은 인간을 너무 훌륭하게 만드셔서 혼자서도 얼마든지 살 수 있게 하셨습니다. 사람은 혼자서 얼마든지 살 수 있지만, 심리적인 외로움은 혼자서는 채워지지 않습니다. 사람에게는 다른 사람이 필요합니다. 아이러니한 것은 사람이 혼자 살면 더 편하고 모든 것을 자기 마음대로 할 수 있어서 좋은데 마음의 허전함은 어떻게 할 수 없고 무엇인가 채워지지 않는 공간이 있게 된다는 것입니다.

1. 다른 사람의 필요성

하나님은 사람을 반쪽으로 만드셨습니다. 그래서 사람이 아무리 똑똑하고 잘생긴 남자라도 반쪽 남자이고, 아무리 똑똑하고 공부 많이 한 여자라 해도 반쪽여자인 것입니다. 사람은 자기의 나머지 반쪽을 찾아서 하나가 될 때 행복할 수 있습니다. 사람이 반쪽 없이 자기 혼자만 살아가면 말할 수 없는 외로움을 느끼게 되어있습니다. 그래서 사람은 누구든지 다른 사람이 같이 있어 주는 것이 필요합니다.

그래서 두 사람이 한 사람보다 낫다는 것은 사람은 누구든지 자기가 부족한 존재임을 깨닫는 것을 말합니다. 이런 사람이 큰 상을 받게 되는 것입니다.

4:10. "혹시 그들이 넘어지면 하나가 그 동무를 붙들어 일으키려니와 홀로 있어 넘어지고 붙들어 일으킬 자가 없는 자에게는 화가 있으리라"

아마 나이가 드신 어른들이 이 말씀을 너무나도 실감하실 것입니다. 나이 드신 어른들은 혼자 걸어가시다가 넘어져서 다치면 팔이나 다리뼈가 부러져서 고생을 많이 하게 됩니다. 특히 대퇴부가 골절되면 누워서 꼼짝하지 못하고 몇 달을 고생하게 되는데 그 불편함은 말로 표현할 수도 없고, 심지어 돌아가시는 경우가 많이 있습니다.

사람에게 아무도 만나지 않고 혼자 있는 것보다 더 고통스러운 것은 없습니다. 사람은 다른 사람과 대화라도 해야 자기가 살아있구나 하는 것을 느낄 수 있습니다. 혼자 방에 처박혀 있거나 친구가 한 사람도 없으면 혼자 연구하고 공부할 때는 유익하지만, 정신적으로 방황할 때 붙잡아주고 일으켜 세워줄 사람이 없어서 결국은 실패하게 되는 것입니다.

본문에서 전도자는 사람이 육체적으로 혼자 있는 것도 심심하지만 혼자 있으면 정신적으로 너무 외롭다는 것을 말하고 있습니다. 그러나 두 사람이 같이 있다고 해서 모든 것이 만족스러운 것은 아닙니다. 왜냐하면 두 사람이 의견이 서로 다르면 싸우게 되고 나중에는 헤어지는 것이 더 나을 때가 많기 때문입니다. 그것을 잘 보여주는 작품이 윌리엄 골딩의《파리 대왕》입니다. 이 작품에서 보면 무인도에 떨어진 어린아이들이 패를 나누어서 서로 싸우는데, 결국 사람을 죽이기까지 악해지는 모습을 보여줍니다.

그래서 무슨 단체나 위원회를 만들 때는 그 숫자를 반드시 홀수로 해서 서로 싸워서 갈라질 때도 한쪽이 많게 만들어놓습니다. 한 사람보다는 두 사람이 낫지만, 두 사람이 실력이 비슷하면 서로 주도권을 가지려고 머리 터지도록 싸우게 됩니다. 그래서 사람에게는 또 다른 분이 계셔야 합니다. 그분이 바로 하나님입니다. 그래서 인간이 살려고 하면 두 사람 이상 있어야 하고, 하나님이 함께 계셔야 합니다. 그렇지 않으면 인간은 외로워하든지 싸우거나 갈라지든지 합니다.

전도자가 말하려는 핵심이 무엇입니까? 우리에게는 자기가 부족하다는 것을 깨닫는 것이 아주 중요하지만 더 중요한 것은 우리에게는 하나님의 붙들어주심이 필요하다는 것입니다. 우리 인간은 늘 넘어지려고 비틀거리고 있습니다. 물론 두 사람이 있으면 좋다고 하지만 둘 다 술에 취해 있으면 서로 어깨동무하고서 시궁창이나 구덩이 있는 쪽으로 갈 때가 많습니다. 두 사람이 있으면 외로움은 이길 수 있지만 잘못되면 살아갈 방향을 몰라서 같은 길을 계속 돌게 됩니다. 이때 하나님께서 이 두 사람을 손잡아 일으켜주시고 방향을 인도해주시면 인생은 망하지 않는 것입니다.

4:11. "또 두 사람이 함께 누우면 따뜻하거니와 한 사람이면 어찌 따뜻하랴"

사람이 혼자 추운 방에 있거나 혹은 추운 바람이 불 때 길을 걸어가려고 하면 너무나도 추워서 동상에 걸리기 쉽습니다. 미국에서는 '아이스 스톰' 이라고 해서 눈 태풍이 부는 때가 있는데, 그때 사람들은 방향을 잃고 얼어 죽을 때가 많습니다. 그러나 두 사람이 있어서 꼭 끌어안거나 혹은 등을 대고 있으면 서로의 체온으로 견딜 수 있습니다.

사람이 혼자 있으면 마음 한구석이 늘 싸늘합니다. 저는 어렸을 때 서울에 올라와서 친구도 없고 고향도 멀리 떨어져 있으니까 마음이 언제나 냉방이었습니다. 저는 감정 표현도 없고 눈물도 잘 흘리지 않는 메마른 사람이었습니다. 그러나 예수님이 내 마음에 오시고 또 좋아하는 사람을 만나니까 마음이 따뜻해지게 되었습니다.

그러나 여기에는 더 중요한 의미가 있는데 정신적이고 영적인 의미가 있습니다. 누구나 혼자 있으면 자신의 가치도 모르고 마음은 늘 냉방이지만 마음속에 예수님이 들어오시면 마음이 훈훈해지게 됩니다. 우리가 혼자 있으면 영적인 불, 즉 부흥의 불이 잘 붙지 않습니다. 오히려 마귀는 우리 영혼의 불을 끄려고 찬물을 붓고 의심과 회의와 나쁜 생각으로 우리 마음을 식게 만듭니다. 그런데 성도들이 모여서 함께 기도하는 가운데 불이 붙게 됩니다. 그러면 우리 마음이 따뜻해지고 인생이 아름다워지게 되는 것입니다.

4:12, "한 사람이면 패하겠거니와 두 사람이면 맞설 수 있나니 세 겹 줄은 쉽게 끊어지지 아니하느니라"

옛날에는 주로 칼이나 창으로 전쟁했습니다. 이때에는 힘이 센 사람이 최고인데, 그 센 힘을 가지고 칼과 창을 휘두르면 약한 사람들은 한 대만 맞고서도 나가떨어지게 됩니다. 그런데 아무리 힘이 센 사람도 혼자서는 힘이 떨어지게 됩니다. 더욱이 아무리 싸움을 잘한다고 해도 뒤에는 눈이 없으므로 등에 누가 활을 쏘거나 창으로 찌르면 감당할 수 없습니다. 그러나 두 사람이 같이 싸우면 훨씬 더 적을 잘 볼 수 있고 잘 막아낼 수 있습니다.

예수님께서 귀신을 쫓아내시니까 시기하던 바리새인과 서기관들은 예수님이 귀신의 왕의 힘을 의지해서 귀신을 쫓아낸다고 비난했습니다(마 12:22-37). 그때 예수님은 "집안에서 서로 분쟁하면 어떻게 그 집이 서겠으며 나라 안에서 서로 분쟁하면 어떻게 나라가 서겠느냐?"고 하시고, 사탄이 서로 싸우면 어떻게 사탄의 나라가 오늘까지 유지되겠느냐고 반문하셨습니다. 물론 사탄의 졸개들도 자기들끼리는 엄청나게 싸우지만, 예수 믿는 사람들을 공격하는 것에는 일치단결이 됩니다. 참 놀라운 것은 일단 코로나라는 전염병이 퍼지니까 언론과 정부와 보건당국과 일반 시민까지 일치단결해서 교회를 공격한다는 것입니다. 이때 우리가 혼자 잘났다고 설쳐대면 마귀가 하는 말을 그대로 따라 하게 됩니다. 마귀의 나라는 너무나도 단결이 잘 되기 때문입니다. 이럴 때일수록 우리가 기도로 모이고 예배로 모여서 함께 찬송하고 말씀을 듣고 기도하면 사탄은 우리를 이길 수 없을 것입니다.

그래서 두 사람이 한 사람보다 유익하다는 것은 결코 독불장군이 성공하지 못한다는 것입니다. 우리가 자신의 부족함을 인정하고 다른 사람을 받아들이기 위하여 양보하고 겸손한 마음을 가질 때 우리 안에 주님이 함께하셔서 붙잡아 주시고 불을 주시고 적을 이기게 하시는 것입니다.

2. 하나님의 지혜

가난한 젊은이와 권세 많은 왕이 있을 때, 사람들은 당연히 가난한 젊은이는 별 것 아니라고 생각하고 권력 가진 왕을 부러워할 것입니다. 그러나 왕이라고 해서 반드시 행복한 것은 아닙니다. 늙은 왕은 고집스럽고 남의 말을 듣지 않기 때문입니다.

4:13. "가난하여도 지혜로운 젊은이가 늙고 둔하여 경고를 더 받을 줄 모르는 왕보다 나으니"

이 가난한 젊은이는 지혜롭습니다. 즉 이 젊은이는 가난하고 남들이 알아주지 않지만 마음이 열려있어서 하나님의 말씀을 잘 받아들이는 사람입니다. 그래서 여기서 앞에서 말한 어려운 문제들이 풀리게 됩니다. 그래서 한 사람, 두 사람이라고 하는 것은 단순히 숫자만 이야기하는 것이 아니라, 자기가 최고라고 생각하는 사람과 하나님과 함께 하는 사람을 말하는 것입니다. 이 젊은이는 돈은 없지만 그의 마음속에는 하나님의 말씀이 있습니다. 그래서 죄에 걸려 넘어지지 않습니다. 그리고 언제나 마음이 하나님의 불로 뜨겁습니다. 그리고 적과 싸울 때도 하나님이 그의 팔을 붙들어주시기 때문에 얼마든지 싸움에서 이길 수 있습니다.

그러나 거기에 비해 한 왕이 있습니다. 이 사람은 이미 살 만큼 다 살았고 굉장히 둔합니다. 그래서 남이 뭐라고 말을 해도 들으려고 하지 않습니다. 이 사람은 죄를 향하여 가면서도 말씀이 없으므로 깨닫지 못합니다. 하나님이 아무리 위험하다는 사인을 보내어도 그런 사인을 보지 못합니다. 이 사람은 결코 행복하지 않습니다. 우리 인생에서 돈보다 하나님의 말씀이 더 중요한 이유는 하나님의 지혜가 미래를 보여주기 때문입니다. 하나님의 말씀은 분명히 "죄의 삯은 사망이요"(롬 6:23)라고 했습니다. 그러나 마귀는 죄의 삯은 행복이라고 말합니다.

그런데 전도자는 가난한 젊은이와 늙고 고집스러운 왕을 이야기할 때 누군가를 머릿속에 생각하고 있는 것을 알 수 있습니다. 그 왕은 자신의 고집 때문에 비참하게 죽지만, 이 젊은이는 나중에 왕이 되어서 하나님의 큰 축복을 받기 때문입니다.

4:14, "그는 자기의 나라에서 가난하게 태어났을지라도 감옥에서 나와 왕이 되었음이니라"

전도자가 머리에 두고 있는 모델은 사울 왕과 다윗입니다. 사울은 하나님의 축복으로 이스라엘 초대 왕이 되었습니다. 그는 키도 크고 의리도 있고 신앙심도 좋았습니다. 그러나 그의 가장 큰 단점은 하나님의 말씀을 믿지 못하는 것이었습니다. 사울 왕은 여러 번 전쟁에서 승리한 영웅이었지만, 하나님의 말씀에 순종하는데 2% 정도 부족했습니다. 하나님은 아말렉을 다 진멸하라고 했는데, 왕은 살려서 끌고 왔고, 짐승들도 다 죽이라고 했는데 좋은 짐승은 하나님께 바친다는 미명으로 잡아왔습니다. 그리고 사울은 골리앗을 죽이고 영웅이 된 다윗을 시기하여 죽이려고 했습니다. 이런 왕의 불행한 점은 자기 혼자 망하는 것이 아니라 수많은 이스라엘 백성을 끌고 가서 같이 죽었다는 것입니다.

다윗은 목동 일을 하면서도 하나님의 율법을 너무 사랑해서 매일 묵상하고 시로도 썼습니다. 그는 하나님의 말씀으로 용기를 얻어서 사자나 곰으로부터 양을 지켰습니다. 그러다가 아버지 심부름으로 전쟁터에 갔다가 하나님을 멸시하는 골리앗을 보고는 물맷돌로 싸워서 죽였습니다. 하지만 다윗은 사울 왕의 시기를 받아서 쫓겨 다녔습니다. 이스라엘 안에서는 피할 곳이 없어서 블레셋으로 도망치기까지 하였습니다. 그러나 다윗은 여호와를 자신의 목자로 삼았기 때문에 이스라엘의 왕이 되는 큰 축복을 받았습니다. 그래서 우리는 사람의 외모를 보고 부러워할 것이 아니라 하나님과의 관계를 보고 부러워해야 합니다.

3. 하나님의 간섭하심

전도자는 또 다른 사람을 모델로 삼아서 이야기하고 있습니다. 그 사람은 인간적으로 보기에는 가장 불행한 사람이지만 최고로 능력 있는 사람이 되었습니다. 그는 다른 나라에 팔려서 종이 되기도 하였고 심지어는 감옥에까지 갇혔지만, 나중에는 왕 다음의 높은 사람이 되었습니다.

4:15, "내가 본즉 해 아래에서 다니는 인생들이 왕의 다음 자리에 있다가 왕을 대신하여 일어난 젊은이와 함께 있고"

전도자가 두 번째로 모델로 삼은 사람은 요셉이었습니다. 요셉은 배다른 형들에게 배신당해서 노예 상인들에게 팔리는 신세가 되었습니다. 요셉의 인생은 부잣집의 사랑받는 아들에서 노예가 되는 망한 인생이 되었습니다. 그러나 요셉의 가슴 속에는 하나님이 주신 꿈이 있었습니다. 요셉은 그 꿈이 너무 어려워서 그 뜻을 잘 몰랐습니다.

그러나 요셉이 생각했던 것은 자기에게는 하나님의 뜻이 있다는 것이었습니다. 하나님에 대한 믿음이 요셉으로 하여금 무너지지 않게 붙들어주었습니다.

그는 여주인이 음탕하게 유혹했을 때 도망치는 바람에 감옥에 갇히게 되었습니다. 그러나 요셉은 감옥 안에서도 하나님이 주신 꿈을 버리지 않았습니다. 그리고 그 꿈의 뜻이 무엇일지 생각했습니다. 그래서 요셉은 꿈이란 꿈은 다 해석하는 지혜를 가지게 되었습니다. 요셉은 감옥에서 왕의 술 맡은 관원장과 떡 맡은 관원장의 꿈을 명쾌하게 해석했습니다. 그리고 드디어는 바로의 꿈을 명확하게 해석해서 앞으로 닥쳐올 7년 대흉년을 대비하게 됩니다. 요셉은 왕의 다음 사람이 되어서 자기 형제와 애굽 사람들을 다 살려내었습니다. 이것은 하나님이 우리의 삶에 간섭하지 않으시면 일어날 수 없는 일입니다.

하나님이 우리의 삶에 간섭할 때마다 우리의 운명은 바뀌게 됩니다. 결국 비천한 자가 왕이나 왕 다음 사람이 되고, 잘난 체하던 고집불통의 사람은 거지가 되든지 우울증에 걸려서 죽게 되는 것입니다. 그런데 사람들은 하나님께서 하시는 일을 다 보고서도 이것을 믿지 않습니다.

4:16. "그의 치리를 받는 모든 백성들이 무수하였을지라도 후에 오는 자들은 그를 기뻐하지 아니하리니 이것도 헛되어 바람을 잡는 것이로다"

우리가 성경에 나온 사람이나 우리 자신의 삶을 보면 하나님이 살아계시고 하나님의 말씀대로 모든 것이 이루어지는 것이 너무나 분명한데도, 사람들은 하나님의 말씀을 믿지 않고 자기 머리를 믿고 세상 사람들의 말을 믿습니다. 그러나 사람이 가장 행복하게 사는 비결은 자기가 부족한 줄 알고 다른 사람을 존중하며 하나님을 내 마음에 모시는 것입니다. 그때 우리의 인생은 결코 헛되지 않습니다.

12

하나님이 필요하다

전 5:1-2

우리는 살아가면서 도대체 인생이 무엇이냐 하는 것을 한 번씩 생각합니다. 도대체 인생이라고 하는 것은 무엇일까요? 우리는 자신의 생각과 아무 상관 없이 이 세상에 태어났습니다. 사람 중에는 머리가 좋은 사람도 있고 머리가 좋지 않은 사람도 있고, 부잣집의 자녀로 태어난 사람도 있고 가난한 집의 자녀로 태어난 사람도 있습니다. 그러나 사람은 누구나 어릴 때는 자라고, 청년이 되면 힘이 넘치고, 장년부터는 늙어가기 시작합니다. 그리고 어느 순간에 노년이 되고, 어느 순간에는 본인의 뜻과 상관없이 죽습니다. 인간에게 너무 안타까운 점은 이 세상을 딱 한 번밖에 살 수 없다는 것입니다. 사람이 살아 있을 때는 그렇게 멋있고 지혜가 있고 권력이 있는데 죽으면 다른 동물과 다를 바 없이 차가운 시신이 되어서 땅에 묻혀서 썩어가야 합니다.

솔로몬은 예루살렘의 왕으로서 많은 돈과 명예와 지혜와 여자들이 있었습니다. 그는 그 좋은 머리를 가지고 도대체 인생이라는 것이 무엇인지 생각해 보았습니다. 그리고 솔로몬이 내린 결론은 인간의 한평생은 헛되고 헛되며, 헛되고 헛되다는 것이었습니다. 그는 해 아래에서 인간이 수고하는 모든 것이 헛되다고 했습니다. 심지어 인간이 죽고 나면 죽은 동물과도 다를 바가 하나도 없다고 했습니다.

사람의 인생이 헛된 이유가 무엇일까요? 두 가지로 생각할 수 있습니다. 우선 첫 번째는 인간은 자신의 미래를 전혀 알 수 없기 때문입니다. 사람들은 자신의 미래에 대하여 무슨 일이 일어날지 전혀 알 수 없습니다. 그래서 요즘 자신들의 미래에 대하여 조금이라도 알기 위해서 그렇게 점을 많이 친다고 합니다. 심지어는 예수 믿는 사람들도 점을 많이 친다고 합니다. 아무리 좋은 대학을 졸업하고 아무리 성공하고 높은 자리에 올라간 사람도 미래를 몰라서 역술인을 찾아가서 점을 치는 것을 보면 사람은 헛되고 헛된 것이 맞는 것 같습니다. 우리는 미래를 위해서 할 수 있는 것이 아무것도 없습니다.

그리고 두 번째 인생이 헛된 이유는 결국 사람은 누구든지 언젠가는 늙고 죽어야 한다는 사실 때문입니다. 사람이 늙지 않고 죽지 않는다면 미래에 대하여 무한한 꿈이나 비전을 가질 수 있을 것입니다. 그러나 똑똑한 자나 미련한 자나 부자나 가난한 자나 모두 다 늙게 되어 있고 결국은 죽습니다. 사람은 죽으면 옛날에 성공하고 유명했던 것이 아무 소용이 없는 것입니다. 그래서 자포자기하는 사람이 많습니다. 그래서 사람들은 명품으로 만족하려고 하고, 성형 수술로 예뻐져 만족하려고 합니다. 그러나 성형 수술해서 미인이 되었다고 해서 그 사람은 안 늙고 죽을 자신이 있을까요? 그렇지 않습니다. 사람은 언젠가는 늙고 죽게 되어 있습니다.

그러면 과연 인간은 살아 있는 동안, 아니면 전성기 동안 한 번 반짝하고 없어지는 개똥벌레 같은 존재인가, 아니면 인간에게는 무엇인가 우리가 알지 못하는 영구적인 가치가 있느냐 하는 문제가 대두됩니다.

드디어 솔로몬은 인간의 문제를 찾아내게 되었습니다. 그것은 인간의 삶은 무조건 허무하거나 한순간만 반짝이는 존재가 아니라는 사실입니다. 사실 인간 한 사람 한 사람은 너무나도 대단한 존재입니다. 예수님은 온 천하보다 귀한 것이 한 사람의 생명이라고 말씀하셨습니다. 우리는 모두 사랑받기 위해서 태어났고, 모두 영원한 것을 사모하는 마음을 가지고 있습니다.

그러면 인생의 문제는 무엇일까요? 우선 하나는 우리 모든 인간은 마음이 병들어 있다는 것입니다. 인간은 모두 아름답고 행복하게 살아야 하는데 모두 마음이 병들고 육신이 병들어서 서로 미워하고 싸우고 나중에는 늙어서 죽는다는 것입니다. 사람이 가진 병이 무엇일까요? 그것은 나이가 들수록 미쳐가는 병입니다. 그래서 모든 사람은 이 병을 치료받아야 인생이 허무하지 않습니다.

그리고 인간의 또 하나의 문제는 창조자를 모른다는 것입니다. 이것이 중요한 이유는 창조자야말로 우리 인생을 의미 있게 하시며 우리가 가지지 못한 축복을 주시는 분이시기 때문입니다. 인간은 하나님의 사랑이 부족해서 허무한 인생을 살다가 죽는 것입니다. 그러나 우리가 하나님의 사랑만 받으면 미치지도 않고 영원히 행복할 수 있을 것입니다.

1. 하나님의 존재

지금까지 전도자는 인간의 삶을 이야기하면서 거의 하나님 이야기를 하지 않았습니다. 하나님을 믿는 것은 강요한다고 해서 되는 일이 아니기 때문입니다. 이것은 그야말로 하나님과 나의 만남인 것입니다.

구약 성경에서는 하나님을 모르는 사람은 야생동물과 같다고 했습니다. 야생동물들도 멋은 있습니다. 그러나 야생동물은 다른 동물들을 잡아먹고 사는 것과 잡혀 죽지 않는 것, 그리고 자기 새끼를 키우는 것밖에 생각하지 못합니다. 이것이 하나님을 모르는 사람들의 삶과 다를 바가 없다는 것입니다. 우리 인간의 삶이 허무한 이유는 하나님을 모르기 때문입니다. 그래서 모든 인간은 야생동물같이 살다가 죽습니다.

인간이 하나님을 모르면 먹고사는 것과 자녀 교육밖에 모릅니다. 그래서 한평생 먹고살다가 자식을 키우고는 죽는 것입니다. 우리 인생에 꼭 필요한 것이 있다면 그것은 바로 하나님을 아는 것입니다. 우리가 하나님을 알게 되면 하나님은 우리를 치료하셔서 야생동물 같은 우리를 참인간이 되게 해주십니다. 그리고 인간인 우리를 천사나 하나님의 자녀같이 변화시켜주십니다. 우리가 하나님을 알 때 하나님은 우리를 보호해주시고 축복하시고 영생을 주십니다.

그러나 문제는 하나님이 우리 눈에 보이지 않는다는 사실입니다. 사람들은 "하나님을 믿고 싶어도 눈에 보이지 않는데 어떻게 믿느냐?"고 묻습니다. 하나님은 우리 눈에 보이지 않는 것이 맞습니다. 그런데 하나님이 계신 것을 어떻게 알 수 있습니까? 우리는 어마어마한 자연을 통해서 알 수 있습니다. 우리가 있는 우주는 끝을 알 수 없을 정도로 큽니다. 그리고 우리가 사는 자연은 꼭 규칙을 지켜서 봄에는 꽃이 피고, 여름에는 덥고, 가을에는 낙엽이 지고, 겨울에는 눈이 옵니다. 이것이 하나님이 그리시는 그림입니다. 그리고 우리는 인간 자신을 보면 하나님을 알 수 있습니다. 우리 인간은 모두 영혼이 있습니다. 그리고 우리 인간은 너무 지혜가 있고, 누구나 할 것 없이 너무나도 똑똑합니다. 단지 인간은 하나님을 모르기 때문에 허무하게 살다가 죽는 것입니다.

2. 인간의 무지

인간에게 가장 중요한 질문은 무엇입니까? "왜 우리 인간은 하나님을 모르는 것일까?" 심지어는 "왜 인간은 하나님을 믿지 않는 것일까?" 하는 것입니다. 이것은 우리 인간의 영혼이 죽었기 때문입니다. 원래 인간은 하나님을 잘 알았습니다. 그러나 죄에 빠지고 난 후 영혼이 죽는 바람에 하나님을 모르게 되었습니다.

예수님께서는 이 세상에 오셔서 귀신 들린 미친 자들을 많이 고쳐주셨습니다. 예수님은 자신이 병원이셨습니다. 예수님은 어떤 병에 걸린 자들이라도 나으라고 말씀하시면 병이 다 나아버렸습니다. 하나님은 우리 인간을 하나님의 말씀으로 치료하십니다. 그래서 우리가 하나님의 말씀을 듣는 순간 모든 죄의 중독과 미치고 죽는 병으로부터 치료받게 됩니다.

요즘은 강아지들도 거의 사람 대우받는 것을 볼 수 있습니다. 그래서 동물병원에 가면 CT도 있고 MRI 촬영도 하고 초음파로 건강 검진도 합니다. 개들 중에는 주인이 너무 좋아해서 사진을 찍고 싶을 정도로 모델 같은 개들도 많이 있습니다. 이런 개들은 대부분 족보가 있습니다. 하물며 우리 인간은 족보가 다 있는데 누가복음에 나오는 예수님의 족보를 보면 하나님까지 올라가는 것을 볼 수 있습니다. 우리 인간은 모두 너무 잘 생겼고 천재와 같습니다. 이것은 모두 하나님께서 우리를 만드셨다는 증거입니다.

그런데 왜 우리는 하나님을 모르고 하나님은 언제나 숨어계시는 것일까요? 그것은 우리 인간의 시력이 하나님을 볼 수 있는 시력이 아니기 때문입니다. 우리는 한낮에 태양을 바로 볼 수 없습니다. 그런데 하나님은 태양보다 수억만 배 더 강한 빛으로 계십니다. 우리가 이 눈으로 하나님을 본다면 전부 다 눈이 멀어버리고 그 열로 죽어버릴 것입니다. 그래서 하나님은 우리를 오직 하나님의 말씀과 기도로 만나시는 것입니다.

우리가 하나님을 믿으면 하나님이 우리의 병을 고쳐주실 뿐 아니라, 믿음으로 천국 문이 열리게 하십니다. 진짜 축복은 하나님 나라에 다 있습니다. 우리가 하나님을 믿으면 자신이 사랑받는 존재라는 것을 알게 됩니다. 그리고 우리가 하나님을 믿으면 하나님의 기적과 능력이 삶에 나타납니다. 그리고 우리가 하나님을 믿으면 영원히 죽지 않는 복을 받게 됩니다. 물론 예수 믿는 사람도 이 세상에서는 죽습니다. 그러나 그것은 죽는 것이 아니라 영생을 위해서 옷을 갈아입는 것입니다. 하나님은 예수 믿고 하나님의 말씀을 믿는 사람들을 영원히 살게 하시겠다고 약속하셨습니다. 영생은 오직 하나님 안에만 있는데, 우리가 하나님 안에 들어가는 길은 하나님의 말씀을 믿고 하나님이 보내신 자 예수를 믿는 것밖에 없습니다.

그래서 전도자는 우리 인간이 하나님을 알려고 할 때 먼저 주의해야 할 것이 있다고 했습니다.

첫째로 우리가 상상한 것을 하나님으로 생각하지 말라는 것입니다.

5:1. "너는 하나님의 집에 들어갈 때에 네 발을 삼갈지어다 가까이 하여 말씀을 듣는 것이 우매한 자들이 제물 드리는 것보다 나으니 그들은 악을 행하면서도 깨닫지 못함이니라"

우리 인간은 모두 하나님을 찾고 싶은 마음이 있습니다. 그런데 사람들은 자기 머리에 떠오르는 것을 하나님이라고 생각하는 경향이 많습니다. 이 세상에는 인간에 대한 많은 철학이나 종교가 있지만, 사람들은 자기 생각이나 정성을 하나님으로 생각합니다.

대표적인 예가 사람들이 여러 가지 신의 형상을 만드는 것입니다. 우리나라는 불교가 전래된 지 오래되어서 주로 불상이 많습니다. 그러나 팔레스타인이나 이집트는 자신이 상상한 것을 만들어서 신으로 숭배했습니다. 그중에서 많은 것이 코브라 독사의 신입니다. 코브라를 아주 정교하게 만들어서 세우든지 또는 머리에 쓰고 신의 힘이 있는 것처럼 믿는 것입니다. 그리고 금송아지가 있습니다. 이스라엘 백성은 오랫동안 금송아지 신에서 벗어나지 못했습니다. 이집트 사람들은 개 머리를 가진 신상도 만들었습니다.

사람들은 신상을 만들면서 그것이 나무나 돌이나 청동이라는 것은 알지만, 그것을 향하여 돌거나 절을 하거나 기도하는 정성은 절실하다고 믿는 것입니다. 그러나 이것은 어디까지나 인간의 상상이지, 진짜 하나님을 만나는 것이 아닙니다. 그리스 사람들은 많은 신이 올림푸스 산에서 살고 있고 그 중에서 최고 신은 제우스라고 믿었습니다. 그리고 신전에서 무녀가 하는 말은 신의 말이라고 믿었습니다. 그러나 이 모든 것은 하나님의 전에 들어가면서 자기 발을 금하지 않는 것입니다. 이것은 바로 우매한 자들이 제사 지내는 것이고 악을 행하는 것입니다.

그뿐만 아니라 토속 종교라고 해서 점을 치거나 굿을 하거나 점쟁이를 찾아가서 인생을 상담하는 것은 전부 악을 행하는 것입니다. 우리는 하나님 앞에서 발을 삼가야 합니다. 즉 내 마음에 생각한 대로 하나님이라고 우기거나 하나님의 뜻이라고 주장해서는 안 되는 것입니다. 하박국 선지는 "오직 여호와는 그 성전에 계시니 온 땅은 그 앞에서 잠잠할지니라"(합 2:20)라고 했습니다.

또 사람들은 유명한 사람의 철학을 믿고 그들의 가르침으로 충분하다고 생각합니다. 많은 사람이 소크라테스나 예수님이나 부처를 같은 성인으로 생각합니다. 그러나 소크라테스의 가르침을 보면 모두 의문으로 되어있습니다. 그는 정답을 알지 못했던 것입니다. 부처도 마찬가지입니다. 불교는 사람들에게 가르치지 말라고 하면서 스스로 도를 닦아서 부처가 되어야 한다고 강조합니다.

하나님과 우리가 만날 수 있는 유일한 길은 하나님의 말씀이고 예수 그리스도밖에 없습니다. 그래서 우리는 하나님 앞에서 내 감정으로 떠들 것이 아니라, 조용히 앉아서 하나님의 말씀을 들어야 합니다. 예수님이 하신 말씀은 전부 하나님의 말씀입니다. 그런데 놀라운 것은 이 말씀 안에 치료하는 힘이 있고 악을 쳐부수는 힘이 있다는 것입니다.

3. 인간을 만드신 목적

우리가 하나님을 믿는 이유는 무엇입니까? 어느 날 하나님이 나를 사랑하심으로 독생사를 보내셔서 죽게 하셨다는 말을 듣고 우리의 마음이 녹아졌기 때문입니다. 하나님은 우리가 어머니 뱃속에서 만들어지기 전부터 우리를 예정하셨습니다. 하나님은 지금까지 우리 인생을 지켜주시고 인도하셨습니다. 그래서 어떤 때 정말 사고를 당할 뻔했는데 아슬아슬하게 피한 때도 있었고, 심지어는 사고를 당했지만 무사한 때도 있었습니다. 그것은 전부 하나님이 우리를 지켜주셨기 때문입니다.

그러면 하나님이 우리로 예수 믿게 하시고 죽음에서 건지신 이유가 무엇일까요? 그것은 놀랍게도 하나님이 우리에게 영광을 받으시기 위해서입니다. 하나님은 우리의 행복을 위해서도 우리를 구원하셨지만, 가장 중요한 목적은 우리로 하여금 하나님께 감사하고 찬송하게 하려는 것입니다. 그래서 우리가 살아서 하나님을 찬송하고 감사하는 이상 우리는 살아야 할 이유가 있습니다. 하나님은 교만한 자를 물리치시며 겸손한 자에게 은혜를 베푸십니다. 우리가 겸손한 마음을 가지고 하나님을 찬송하기만 하면 우리는 살아 있을 이유가 있는 것입니다.

하나님은 믿는 자에게 이 세상에서 야생동물이 아니라 인간답게 살게 하십니다. 하나님은 우리로 사랑을 알게 하시며 자기를 사랑하게 하십니다. 그리고 다른 사람도 사랑하십니다. 우리에게는 죽음이 없습니다. 우리가 죽는 것은 탈의실에서 옷을 갈아입는 것과 같습니다. 우리에게는 죽음이 하나도 문제가 되지 않습니다. 하나님을 찬송하며 죽을 때까지 아름답게 사시는 성도들이 다 되시기 바랍니다.

13

살 가치가 있다

전 5:2-9

우리가 한평생 사는 것을 길고 긴 마라톤에 비유할 수 있습니다. 그러나 우리 인생의 마라톤은 단순히 3시간이나 4시간을 뛰고 끝나는 것이 아니라, 60년이나 70년 혹은 90년 넘게까지 뛰어야 하는 마라톤입니다. 우리가 이 긴긴 세월을 달리다 보면 똑같은 속도로 달리기가 어렵습니다. 처음에는 힘이 있어서 빨리 달리기도 하지만, 시간이 갈수록 너무 힘이 들어서 중간에 포기하고 싶을 때도 있습니다. 그래서 어떤 사람은 열심히 달리기도 하지만, 어떤 사람은 어슬렁어슬렁 가기도 하고, 어떤 사람은 아예 뛰기를 포기하고 드러눕기도 합니다. 우리는 가끔 이 세상을 살면서 과연 이 세상은 살 가치가 있는가 하는 허무한 생각이 들 때가 있습니다.

솔로몬은 이 세상에서 인간이 원하는 것은 다 가진 사람이었습니다. 그에게는 뛰어난 지혜가 있었고, 왕이라는 지위가 있었고, 집에서 사용하는 모든 그릇은 금으로 만들 정도로 부자였습니다. 그리고 그는 예쁜 사람이라면 전부 구해서 자기 아내로 삼았는데 부인이 천 명이나 있었습니다. 그래서 우리 생각에 솔로몬은 "나는 이 세상에서 가장 행복한 사람입니다!" 라고 말할 줄 알았는데, 정반대로 헛되고 헛되고 헛되도다라고 하면서 사람들이 이 세상에서 하는 모든 노력은 바람을 잡으려고 하는 것과 같다고 했습니다. 즉 사람은 무엇인가 대단한 것인 것 같아서 그것을 손에 잡아 쥐고 펴는 순간 바람처럼 다 날아가 버리고 만다는 것입니다.

그리고 솔로몬은 사람이 해 아래에서 하는 것은 전부 헛되다고 했습니다. 이 세상에 좋은 것을 전부 가진 솔로몬이 사람들이 하는 모든 것이 다 헛되다고 말한다면 우리는 과연 이 세상에 살 필요가 있을까요? 그러나 사람은 이 세상에 살아야 합니다. 왜냐하면 인간은 죽는 것이 너무 무섭고 고통스럽기 때문입니다. 사람은 배가 고프면 너무 고통스럽기 때문에 일을 해야 하고, 추운 것이 너무 고통스럽기 때문에 돈을 벌어서 집이나 옷을 마련해야 합니다. 그래서 어떤 의미에서 많은 사람은 어쩔 수 없이 살게 되니까 죽을 때까지 세상을 사는 사람들이 많이 있습니다.

어떤 사람은 직장 생활을 하다가 회의가 들었습니다. 그래서 자신이 한평생 똑같은 일만 하면서 살다가 늙어서 죽을 것인가 생각하니까 자신의 인생이 너무 아까웠습니다. 그래서 그 사람은 카메라를 하나 걸머지고 전국을 다니면서 야생화 사진을 찍기 시작했습니다. 그러다 보니까 평소에는 눈여겨보지 않았던 야생화가 너무나도 아름답다는 것을 알게 됩니다. 이 세상에서 봐주는 사람도 없고 알아주는 사람도 없지만 풀 사이에 숨어있는 너무나도 아름다운 야생화도 많았습니다. 그러다가 야생화 중에서 눈 위에도 피는 야생화를 발견했습니다. 이 야생화는 꽃에서 열을 내어서 눈을 녹이고 그 추운 데서도 꽃을 피우고 있는 것입니다. 이 사람은 야생화를 찾아서 백두산에도 가보고 우리나라 여러 섬에도 가보았습니다. 섬에는 육지에서 보지 못하는 희귀한 야생화가 많이 있었습니다. 그러다가 몽골까지 가보게 되었습니다. 그는 몽골에서 우리나라에서는 그렇게 희귀한 야생화가 온 들판에 피어있는 것을 보고 감탄했다고 합니다. 그 사람은 이 세상에는 너무나도 아름다운 꽃이 많아서 그것만 보아도 살 가치가 있다고 했습니다.

1. 믿음이 필요하다

어린아이는 엄마만 곁에 있으면 아무것도 걱정하지 않습니다. 엄마가 부족한 모든 것을 다 채워주시기 때문입니다. 어린아이는 그저 하루하루를 행복하고 아프지 않고 살면 되는 것입니다. 마찬가지로 우리 인생에도 보호자가 필요합니다. 만일 막강한 힘을 가진 자가 우리 인생을 지켜준다면 우리는 내일을 걱정할 필요가 없을 것입니다. 이 세상의 모든 것은 다 하나님의 것입니다. 그런데 하나님이 우리 아버지이십니다. 이 세상에서 높은 사람들이 우리에게 갑질하여도 우리는 조금만 참고 하나님에게 다 일러주면 됩니다. 온 세상은 하나님의 것이기 때문입니다.

우리가 이 세상에서 허무하게 살지 않으려면 믿음이 필요합니다. 누군가가 내 인생을 지켜준다는 믿음이 없으면 우리는 계속 걱정만 하면서 한평생을 보내게 될 것입니다. 그러나 이 세상에서 우리의 인생을 지켜줄 사람은 아무도 없습니다. 부모도 지켜줄 수 없고, 직장도 지켜줄 수 없고, 그렇다고 해서 내가 나를 지켜줄 수도 없습니다.

5:3. "걱정이 많으면 꿈이 생기고 말이 많으면 우매한 자의 소리가 나타나느니라"

미래를 생각하면 많은 걱정이 생기게 되고, 또 많은 계획을 세우게 됩니다. 그러나 이런 계획들은 아무런 근거가 없는 것이기 때문에 밤새도록 헛된 계획을 세우게 되는 것입니다. 청년은 '유학을 갈 것인가? 간다면 어느 나라 어느 대학으로 갈 것인가?' 하는 것을 밤새 고민하다가 결국은 원점으로 돌아오게 됩니다.

인간이 걱정이 많은 이유는 미래를 생각하기 때문입니다. 그러나 인간은 미래를 전혀 알 수 없습니다. 우리가 우리의 미래만 알 수 있다면 걱정할 필요가 전혀 없을 것입니다. 왜 하나님께서는 우리 인간을 그렇게 멋지고 훌륭하게 만드시면서 미래를 전혀 모르게 하셨을까요? 그것은 하나님께서 우리에게 '까불지 말라'는 뜻이 있는 것입니다. 우리 인간이 미래를 모르기 때문에 걱정도 하고 염려도 하는 것이지, 미래의 일까지 다 안다면 자기가 신이라고 우길지 모릅니다.

우리에게 어떤 어려움이 오더라도 우리는 하나님을 믿으면 됩니다. 즉 하나님은 자신을 의지하는 자에게는 절대로 수치를 당하게 하지 않겠다고 약속하셨습니다. 그러므로 우리는 어린아이처럼 오늘 하루만 행복하고 재미있게 살면 되는 것입니다. 우리는 하나님을 믿고 하루하루 살아가면 허무하지 않은 인생을 살 수 있습니다.

그래서 우리는 굳이 하나님께 서원할 필요가 없습니다. 서원이라는 것은 우리가 너무 급하고 답답하다 보니까 하나님께서 이것을 해주시면 나도 이것을 하겠다고 약속하는 것입니다. 물론 성경에서 서원 기도를 해서 응답받은 사무엘의 어머니 같은 사람도 있습니다. 그러나 입다 같은 경우에는 하나님이 자기를 부르셨으면 전쟁에서 이기게 하실 것을 믿어야 하는데 그 믿음이 없어서 만일 하나님이 전쟁에서 이기게 하시면 누구든지 집에서 가장 먼저 나오는 사람을 제물로 바치겠다고 서원해버린 것입니다. 그러나 막상 입다가 전쟁에서 이기고 돌아왔을 때 가장 먼저 집에서 나와 환영한 사람은 그의 외동딸이었습니다. 그래서 입다는 승리의 날에 외동딸을 죽여야 했기 때문에 비통한 눈물을 흘렸습니다.

하나님은 우리가 답답한 것이나 급한 것을 잘 알고 계십니다. 그래서 우리는 하나님과 거래하려고 해서는 안 됩니다. 그래서 누구를 돕고 싶다는 생각이 나면 빨리 줘버려야 합니다. 또 하나님께 헌금하려고 마음먹었으면 빨리 바치는 것이 낫습니다. 시간이 지나갈수록 우리는 남을 돕고 하나님께 바치는 것이 아까워지기 때문입니다. 그러면 하나님의 마음도 우리를 향하여 아까워지게 됩니다.

결국 솔로몬이 모든 인생이 헛되다고 말한 것은 한 마디가 빠진 말이었습니다. 그것은 바로 "하나님이 없다면"이라는 말입니다. 하나님이 없다면 우리의 인생은 헛되고 헛되고 헛된 것입니다. 그러나 하나님이 계시면 우리의 인생은 결코 헛되지 않으며, 충분히 살 가치가 있는 인생인 것입니다.

2. 우리 인생을 인도하시는 하나님

우리 자신을 생각해보면 우리의 뜻대로 된 것은 아무것도 없습니다. 우리는 자신이 생각한 것과 다른 학교를 가게 되었고, 생각지도 않은 사람과 결혼하게 되었고, 생각지도 않았던 곳에서 일을 하고 있는 것입니다. 이것이 의미하는 것이 무엇입니까? 이것은 결국 누군가가 내 인생을 인도하고 있다는 것을 의미합니다. 그래서 어떤 때는 잘못된 길로 가려고 하면 길이 막히기도 하지만, 어떤 때는 이상하게 길이 열려서 잘 나갈 때도 있는 것입니다. 왜 이런 일이 생기는 것일까요? 그것은 결국 하나님께서 나에게 관심을 가지고 내 인생을 세밀하게 인도하시기 때문입니다. 하나님께서 내 인생을 어떤 방향으로 인도하고 계시고, 내 인생의 속도를 조절하고 계신 것입니다.

우리가 이 세상을 사는 동안에는 이것을 제대로 알지 못합니다. 그래서 내가 공부를 못해서 시험에 떨어졌고, 실력이 없어서 취직이 안 되었다고 생각하기 쉬운데 사실은 하나님께서 내 인생을 조종하고 계신 것입니다. 그래서 어떤 때 내가 죄에 빠지려고 하면 하나님께서 막으시고, 어떤 때 자살하려고 하면 아슬아슬하게 피하게 하시는 것입니다.

3절 후반절에 보면 "말이 많으면 우매한 자의 소리가 나타나느니라"고 했습니다. 대개 많은 사람은 걱정만 하고 말을 하지 않는데, 어떤 사람들은 성격이 급해서 다른 사람들에게 자기 계획을 이야기합니다. 이렇게 말을 많이 하는 이유는 누구에겐가 자기 생각을 말하지 않고는 불안하기 때문입니다. 그러나 이런 말들은 다 우매한 것입니다. 결코 그 말들은 하나도 이루어지지 않을 것이기 때문입니다. 우리는 마음속에 있는 소원이 이루어질 때까지 다른 사람에게 말하지 않는 것이 좋습니다. 그리고 하나님에게도 강요하지 않는 것이 좋습니다. 하나님은 나의 삶을 자연스럽게 인도하시기 때문입니다.

우리가 어느 먼 곳으로 운전해서 가려고 하면 내비게이션이 필요합니다. 내비게이션이 인도하는 대로 따라가기만 하면 목적지까지 무사히 갈 수 있습니다. 그러나 내비게이션이 가끔 엉뚱하게 가리키는 경우가 있기 때문에 먼 곳을 갈 때는 먼저 지도를 보고 큰 그림을 그려놓는 것이 필요합니다. 우리는 인생의 큰 그림도 가지고 있어야 하지만, 세미한 그림도 가지고 있어야 합니다. 그래서 하나님은 우리에게 성경을 주셨습니다. 성경에는 큰 지도가 나타나 있습니다. 우리는 성경을 통해서 어떤 것이 악한 것이지, 어떤 것이 선한 것인지를 분별할 수 있습니다. 그러나 어떤 때는 우리의 눈이 어두워져서 이것이 악한 것인지, 선한 것인지 구별되지 않을 때가 있습니다. 그렇게 눈이 어두워지는 것은 우리 마음에 욕심이 있기 때문입니다. 신앙이 어릴 때는 선과 악을 구별하는 것이 어렵습니다. 그래서 우리는 하나님의 세미한 음성을 듣는 법도 배워야 합니다. 이것은 우리 마음의 영감으로 나타납니다. 그러고도 길이 열리는지 열리지 않는지 세밀하게 관찰해야 합니다.

사도 바울 같은 경우에도 갈라디아에서 자꾸 북쪽으로 가려고 하는데 길이 막히고는 마케도니아에서 "이리로 와서 우리를 도우라"는 환상을 보고 바다를 건너서 마케도니아로 건너가게 됩니다.

우리가 성경을 지속적으로 읽으면 옳고 그른 것을 분별하게 되고, 하나님에 대한 믿음이 생깁니다. 그래서 내가 붙들 것이 아니라 하나님께 맡기자는 생각이 들고, 세미한 부분은 기도하면서 하나님이 어느 쪽으로 인도하시는지 살펴보아야 하는 것입니다.

3. 많은 선물을 주신 하나님

하나님께서는 우리가 이 세상에 살 수 있도록 이미 많은 선물을 주셨습니다. 하나님은 우리에게 공기를 주셨고 물을 주셨습니다. 그리고 우리 몸 안에는 병균을 이길 수 있는 면역력을 주셨습니다. 그런데 사람들은 문명화되면서 너무 쉽게 그리고 빨리 먹을 수 있는 음식을 개발하게 되었습니다. 그래서 라면이 엄청나게 팔리고 과자나 설탕을 많이 넣은 음식들이 엄청나게 많이 팔리게 되었습니다. 그러나 그런 것이 결국 우리에게 큰 병을 가져옵니다.

그리고 오늘날은 모든 사람의 마음에 여유가 없어져서 엄청 빨리 일을 처리하려고 하고 성공하기 위하여 소리를 지르고 다른 사람들을 독촉하는 바람에 모두가 스트레스를 많이 받게 되었습니다. 결국 이 스트레스가 우리의 혈관을 좁게 만들고 심장을 상하게 만들어서 화병도 생기고 어떤 때는 돌연사도 일으키고 아니면 자살도 하게 되는 것입니다. 그렇다고 해서 우리가 이곳에서 살지 않을 수는 없습니다. 그러나 하나님은 일찌감치 우리가 살 수 있도록 많은 것을 미리 준비해 주셨습니다.

그래서 우리는 늘 감사하는 마음을 가지고 스트레스와 싸워야 합니다.

5:9, "땅의 소산물은 모든 사람을 위하여 있나니 왕도 밭의 소산을 받느니라"

우리는 먹는 것이나 마시는 물이나 몸에 하나님께서 주신 면역성이 상하지 않도록 잘 지켜야 합니다. 결국 건강을 관리해야 할 사람은 자기 자신입니다. 그래서 우리는 부지런해야 합니다. 사람이 게으르면 잠만 자게 되고 나중에는 비만이 오게 됩니다. 비만은 하나의 병인데, 의사들은 암보다 더 무섭다고 합니다.

하나님은 이 세상에 아름다운 것을 많이 만드셨습니다. 우리는 그것들을 통해서 하나님의 아름다우심을 보아야 합니다. 꽃도 아름답고 단풍도 아름답고 겨울의 눈도 아름답습니다. 이런 것을 보면 하나님이 얼마나 아름다우신 분이신지 알 수 있습니다. 우리가 하나님을 알면 알수록 그분을 미치게 사랑하게 됩니다. 왜냐하면 하나님, 특히 성자 하나님보다 더 아름다우신 분은 없기 때문입니다.

르누아르는 결코 그림에서 검은색을 사용하지 않았다고 합니다. 그 이유는 세상 사는 것이 너무 힘들고 고되기 때문에 자기 그림이라도 밝은색으로 그려서 사람들의 마음을 행복하게 해야 한다고 생각했기 때문입니다. 그래서 르누아르는 항상 밝은색으로 그림을 그렸습니다. 그리고 그는 여성들이야말로 이 세상에서 가장 아름다운 존재라고 생각해서 여자의 누드를 많이 그리기도 했습니다. 그는 잘생기지도 않고 늙어서는 관절염으로 고통을 많이 겪었지만 가장 밝고 아름다운 색상으로 그림을 그렸습니다.

하나님께서는 나비나 매미를 통해서 부활이 있다는 것을 알게 하셨습니다. 나비는 애벌레로 있다가 한번 죽고 난 뒤 멋진 나비가 됩니다. 매미도 애벌레로 땅속에 있지만 한번 죽고 번데기가 되어 나오고 나면 우렁찬 소리로 우는 매미가 됩니다. 우리에게는 영생이 있습니다. 우리가 한번 죽는 것은 번데기가 되는 것이고, 수영장에 들어가기 전에 옷을 갈아입는 것과 같습니다. 그리고 얼마나 아름답고 재미있는 새로운 인생이 시작되는지 모릅니다.

그리고 이 세상에 정의는 살아 있습니다. 불의가 판치는 세상에서는 살고 싶지 않습니다. 그러나 불의의 세력은 잠시 자기 마음대로 설치다가 어느 한순간 망해버리든지 죽어버립니다. 그것은 하나님께서 악한 자들을 치시기 때문입니다.

5:8. "너는 어느 지방에서든지 빈민을 학대하는 것과 정의와 공의를 짓밟는 것을 볼지라도 그것을 이상히 여기지 말라 높은 자는 더 높은 자가 감찰하고 또 그들보다 더 높은 자들도 있음이니라"

최고로 높으신 하나님께서 모든 악한 자를 통치하시고 어느 한순간 철장으로 항아리를 깨트리듯 부수실 것입니다. 그러므로 악한 자들을 부러워하거나 세상을 한탄할 필요가 없습니다.

우리에게는 영생이 있습니다. 그리고 지금 우리가 믿음으로 사는 것과 사랑으로 사는 것은 영생의 복과 연결되어 있습니다. 그러나 물질은 연결되어 있지 않습니다. 하나님이 없는 인생은 허무하지만, 하나님을 만난 인생은 아름답습니다. 우리가 긴 마라톤 같은 인생을 살면서 허무에 빠지거나 실패의 늪에 빠지기가 너무나 쉽습니다. 그래서 우리는 달리는 훈련을 매일 하면서 거기서 조금씩 늘려 나가야 합니다. 그러면 아무리 긴 인생길이라도 충분히 달릴 수 있습니다. 그리고 우리가 골인 지점에 갔을 때는 수많은 천사와 성도들이 환호하면서 우리를 맞이할 것입니다.

14

소유하는 자와 맡은 자

전 5:10-20

얼마 전에 장로님 한 분이 돌아가셨습니다. 그 장로님은 살아계실 때 선교헌금을 내어야겠다고 생각하셔서 돈이 생기면 주머니, 주머니마다 나누어서 돈을 감추어두었습니다. 이번에 장로님이 갑자기 돌아가셨을 때 부인 권사님은 주머니를 다 뒤져서 선교헌금을 하려고 감추어두신 돈을 찾아내셨습니다. 그것은 딱 천만 원이 되었고 이번에 그 금액으로 선교헌금을 하시게 되었습니다.

사람에게 가장 필요한 것이 있다면 돈일 것입니다. 돈은 청년이나 장년이나 노년이나 할 것 없이 모두에게 필요한 것입니다. 사람은 돈이 많이 있으면 죽으라고 일하지 않고 편안하게 살 수 있을 것 같기 때문입니다. 젊은 사람은 돈이 많이 생기면 그것으로 멋진 차를 타고 고속도로를 달려볼 것이고, 외국으로 유학가려고 생각할 것입니다. 장년들은 돈이 생기면 멋진 아파트를 장만해서 거기서 살려고 할 것입니다. 노인들은 돈이 생기면 무엇인가 안심이 될 것입니다. 여성들은 그 비싼 명품을 사서 걸치고 다니려고 할 것입니다. 그런 것을 보면 이 세상에서 가장 중요한 것은 돈인 것 같습니다. 돈이 없으면 아무것도 할 수 없고, 돈이 많이 있으면 아주 상류층의 생활을 할 수 있기 때문입니다.

솔로몬 당시에 솔로몬만큼 돈이 많은 사람은 없었을 것입니다. 솔로몬은 집에 있는 그 엄청난 돈으로 사업도 하고 집도 짓고 새로운 투자도 하고 연구나 공부도 했습니다. 그러나 솔로몬은 돈으로는 절대 만족할 수 없는 허무함이 자기 마음속에 있다고 했습니다.

1. 돈을 소유하는 자

이번에 코로나가 세계적으로 퍼지면서 참 씁쓸한 것이 있었습니다. 그것은 바로 화이자의 전략이었습니다. 화이자는 백신을 팔면서 부작용 면책조항을 포함한 구매계약을 했습니다. 화이자 주사를 맞고 부작용이 생겨도 절대로 발표하거나 손해 보상을 청구하지 않는다는 각서를 받고 화이자 백신을 팔았습니다. 그런데 사실 이 백신을 맞고 부작용이 생긴 사람이 많이 있었습니다. 그러나 전 세계는 화이자에 대해서 한마디도 말을 하지 못했습니다. 백신을 사려면 그런 것을 감수해야 했기 때문입니다. 그 결과 화이자는 한 해에 사십조 넘는 돈을 벌었습니다. 그런데 화이자 회장은 유대인 대학살에서 기적적으로 살아남은 자의 아들이라고 합니다. 그 회장은 전 세계가 어려움을 겪고 있는 틈을 타서 어마어마한 돈을 벌었고 부작용에 대해서는 일체 책임을 지지 않고 있는 것입니다.

여기서 돈이 가지는 무서운 마력을 생각하게 됩니다.

5:10, "은을 사랑하는 자는 은으로 만족하지 못하고 풍요를 사랑하는 자는 소득으로 만족하지 아니하나니 이것도 헛되도다"

여기서 "은"은 돈을 말하고, "풍요"라는 것은 부요하게 잘 사는 것을 말합니다. 돈이 많은 것은 절대로 나쁜 것이 아닙니다. 그리고 사람이 부요하게 사는 자체도 죄라고 말할 수 없습니다. 그 사람은 그 사람 나름대로 열심히 일을 해서 돈을 벌었고, 또 남들이 모르는 고통을 겪으면서 성공을 이룬 것입니다.

그런데 돈에는 이상한 특징이 있습니다. 그것은 돈은 절대로 가만히 있지 못한다는 것입니다. 돈은 마치 생명이 있는 생명체처럼 움직이는데, 돈은 계속 벌어야 한다는 것입니다. 그것을 중단할 수 없습니다. 부요한 사람도 마찬가지입니다. 자기가 가진 부요한 것으로 만족하지 못하고 다른 땅을 더 사든지 아니면 재투자를 해서 더 부요하게 되어야 하는 것입니다. 그리고 절대로 만족이라는 것이 없습니다.

도박하는 사람들의 심리가 어떻습니까? 처음에는 장난으로 적은 돈을 가지고 시작합니다. 그런데 어느 날 맞아떨어지면서 돈이 막 쏟아지기 시작하면 이제 고생하지 않고 쉽게 돈을 벌 수 있는 방법을 알게 되었다고 생각합니다. 그래서 그 사람은 또 조심스럽게 도박을 하게 됩니다. 그런데 이번에는 운이 나쁜지 돈을 다 잃어버리게 됩니다. 이런 일이 반복되면 이 사람은 돈에 대한 감각이 없어지게 됩니다. 그냥 단번에 돈을 벌어야 한다는 생각을 가지고 있는 돈을 다 투자해서 결국에는 잃고 완전히 쪽박을 차게 되는 것입니다.

돈은 정말 유익하고 좋은 것입니다. 그런데 문제는 돈은 그냥 가만히 있는 것을 참지 못한다는 것입니다. 돈은 무조건 움직여서 돈을 더 먹어야 살 수 있습니다. 그래서 돈을 가진 사람 중에 재테크를 하지 않는 사람은 거의 없습니다. 금융회사 직원들이 무슨 수로 꼬셔서라도 어디에든지 투자하도록 만들기 때문입니다.

5:11. "재산이 많아지면 먹는 자들도 많아지나니 그 소유주들은 눈으로 보는 것 외에 무엇이 유익하랴"

이것은 돈을 가장 가치 있게 쓰는 케이스에 해당됩니다. 아마 이 부자는 돈으로 넓은 논이나 밭을 사고 또 공장을 세운 것 같습니다. 그는 많은 사람을 고용해서 논을 갈아서 일을 하게 하거나 혹은 공장을 세워서 일을 하게 만들었습니다. 이 사람은 이 부를 가지고 많은 사람을 먹여 살린 것입니다. 그리고 자기는 벼가 무럭무럭 자라는 것이나 회사가 커지는 것을 보고 만족하게 됩니다. 그리고 그 자신도 돈을 많이 벌게 됩니다.

그러나 문제는 여기에서 생깁니다. 돈이 많이 생기면 국가에서 세금으로 많이 뜯어가고, 농민이나 노동자들의 반발이 생기게 되고, 또 도둑이 들지 않도록 매일 문단속을 잘해야 하는 것입니다. 그래서 이런 부자들에게는 진정한 의미의 친구가 없게 됩니다. 누군가가 좀 가까이하려고 해도 혹시 이 사람이 돈을 빌려달라고 하거나 사기를 치려고 하는 것이 아닌가 의심하기 때문에 아무도 가까이할 수 없고 늘 외로운 것입니다.

우리가 이것을 통해서 알 수 있는 것은 솔로몬이 엄청나게 외로웠다는 사실입니다. 그에게는 많은 신하가 있고 많은 부하가 있었고 많은 부인과 첩들이 있었지만, 그에게 진정한 친구는 한 명도 없었던 것입니다. 거기에 비하여 노동자들은 잘 살지는 못하지만, 누구와도 사귈 수 있고 어느 곳에서든지 먹을 수 있다고 했습니다.

5:12. "노동자는 먹는 것이 많든지 적든지 잠을 달게 자거니와 부자는 그 부요함 때문에 자지 못하느니라"

노동자는 돈이 많지 않기 때문에 시장 바닥에 가서 국밥을 먹을 수 있고 떡볶이를 먹을 수 있고 아주 허름한 술집에 들어가서 막걸리를 마실 수도 있습니다. 왜냐하면 아무도 그를 주목해서 보지 않기 때문입니다. 그러나 부자는 시장 바닥에 가서 아무것이나 먹으면 사람들이 천하다고 욕을 할 것입니다. 또 백화점에 가더라도 사람들이 알아보아서 자꾸 쳐다볼 것입니다. 그는 밤에 돈을 어디에 보관해야 하는지, 또 어디에 투자해야 하는지, 도둑은 맞지 않을지 생각하느라고 잠을 제대로 자지 못할 것입니다.

2. 부의 대물림

요즘은 "개천에서 용이 난다"는 말이 없어졌다고 합니다. 돈이 있는 집 아이들이 좋은 학군에서 좋은 대학을 들어가고, 또 돈이 있어야 외국에 유학도 가고 좋은 직장에도 취직할 수 있기 때문입니다. 더욱이 인기 있는 직업인 의사나 변호사가 되기 위해서 의대나 로스쿨에 다니려고 하면 얼마나 돈이 많이 드는지 모릅니다. 그러나 부모의 입장에서는 어떻게 해서든지 돈을 많이 벌어서 자식들에게 물려주는 것이 돈이 없어지지 않고 영구히 남는 것이라 생각하게 됩니다. 또 가난한 사람은 공부하고 싶어도 돈이 없어서 좋은 대학에 들어가지 못하고 좋은 직장에 취직도 잘 안되고 의전이나 로스쿨 같은 곳은 도전하기가 어려우니까 성공하기가 어려운 것입니다. 그래서 우리나라 어른들은 할 수 있는 대로 돈을 많이 모아서 죽어서라도 자식에게 물려주는 것이 가장 잘하는 것이라고 생각하고 있습니다.

5:13. "내가 해 아래에서 큰 폐단 되는 일이 있는 것을 보았나니 곧 소유주가 재물을 자기에게 해가 되도록 소유하는 것이라"

부자는 돈을 그렇게까지 많이 가질 필요가 없는데도 꾸역꾸역 많이 가지려고 합니다. 그 돈을 모으기 위해서 많이 먹지도 않고 놀러 가지도 않고 휴가도 없고 밑에 있는 사람들이나 거래처에는 갑질을 해가면서 모았지만 죽고 맙니다. 물론 그 엄청난 돈은 정부에서 세금으로 반 정도 가지고 가고, 자식들이 나누어 가집니다. 그런데 이 부자에게 돌아오는 것은 그가 부자였다는 것과 인색했다는 것 외에는 아무것도 없습니다. 이 사람은 돈을 버는 법은 알았지만, 돈을 쓰는 법은 몰랐기 때문에 돈을 제대로 쓰지 못한 것입니다.

5:14, "그 재물이 재난을 당할 때 없어지나니 비록 아들은 낳았으나 그 손에 아무것도 없느니라"

사람은 한평생을 살면서 한두 번 큰 재난을 당하게 됩니다. 6.25 전쟁을 겪을 수도 있고 대동아전쟁을 치러야 할 때도 있습니다. 북한에서 잘 살던 사람들은 공산당이 밀고 들어오니까 가진 것 다 빼앗기고 맨몸으로 38선을 넘어와야만 했습니다. 예수님은 "하나님의 말씀을 듣고 순종하는 자가 내 어머니고 내 형제"라고 강조하셨습니다. 사람이 패거리 만드는 것은 자신이 없기 때문입니다.

부모가 무리해서 자식에게 부나 지위를 물려주었을 때 자식이 부모에게 감사하느냐 하면 절대로 그렇지 않습니다. 사람들은 이상하게도 공짜로 얻은 것은 가치가 없다고 생각하기 때문입니다.

3. 돈을 맡은 자

돈이나 부를 자기 것이라고 생각하는 사람은 가만히 있지 못합니다. 사람의 마음속에는 더 부자가 되고 더 돈을 많이 벌고 싶은 불가사리와 같은 욕망이 있기 때문입니다. 그러나 또 다른 부류의 사람이 있습니다. 그 사람은 자신을 부나 돈을 맡아있는 청지기로 생각합니다. 이 사람에게는 그 돈이 자기의 돈이 아니고 주인의 돈이기 때문에 억지로 더 돈을 모을 필요도 없고 억지로 부자가 될 필요도 없습니다. 자기는 주인이 시키는 일만 하고 그날 하루 먹을 것만 있으면 충분한 것입니다.

5:15. "그가 모태에서 벌거벗고 나왔은즉 그가 나온 대로 돌아가고 수고하여 얻은 것을 아무것도 자기 손에 가지고 가지 못하리니"

사람들은 모두 어머니 뱃속에서 벌거벗고 태어납니다. 죽을 때는 그야말로 수의 하나 입고 땅에 묻히게 됩니다. 옛날 왕이나 부자들은 무덤에 금이나 보석을 같이 묻었지만 백 프로 도굴이 되어서 도둑놈들만 배불려 주었습니다. 우리가 죽을 때가 되면 돈도 쓸 수 없고 차도 운전할 수 없습니다. 그냥 병실에 누워서 죽을 날만 기다리게 됩니다. 그러면 이 세상을 살면서 그렇게 죽을 둥 살 둥 벌었던 돈은 무슨 소용이 있을까요? 결국 남 좋은 일만 시켜주고, 자기는 수의나 입고 죽는 것입니다.

하나님이 사람들을 불러 가실 때는 인정사정이 없습니다. 그래서 우리는 이 세상 사는 것이 나의 연극 무대가 되어야 합니다. 이 세상은 무대이고, 돈이나 지위는 연극에 쓰는 소품이고, 나의 인격과 믿음을 가지고 멋진 연기를 하다가 죽는 것입니다. 우리가 가지고 있는 것은 하나님이 다 맡겨주신 것이기 때문에 하나님이 시키는 대로 하면 됩니다. 그렇게 하지 않고 이 모든 것이 내 것이라고 생각하고 욕심을 부린다면 죽고 난 후에도 아까워서 견디지 못할 것입니다.

5:16-17. "이것도 큰 불행이라 어떻게 왔든지 그대로 가리니 바람을 잡는 수고가 그에게 무엇이 유익하랴 일평생을 어두운 데에서 먹으며 많은 근심과 질병과 분노가 그에게 있느니라"

돈을 목적으로 사는 사람은 정직하지 못합니다. 정직하면 친척과 아는 사람들이 돈을 빌려달라고 하기 때문입니다. 만일 그렇게 하다가 망하기라도 한다면 너무 창피하고 너무 화가 나서 죽고 싶은 마음뿐일 것입니다.

그러나 내가 가진 모든 것은 다 하나님이 맡겨주신 것이라고 생각하면 있거나 없거나 아무 차이가 없습니다. 욥처럼 "주신 분도 하나님이시요, 가져가시는 분도 하나님이시니 하나님의 이름을 찬송하리로다"라고 고백하게 되는 것입니다.

5:18. "사람이 하나님께서 그에게 주신 바 그 일평생에 먹고 마시며 해 아래에서 하는 모든 수고 중에서 낙을 보는 것이 선하고 아름다움을 내가 보았나니 그것이 그의 몫이로다"

내가 가지고 있는 것이 하나님께서 맡기신 것이면 더 가지려고 욕심을 부릴 필요도 없고 부에 대하여 부담을 느낄 필요도 없습니다. 그냥 하나님이 맡기신 것을 가지고 있다가 매일 해를 보고 숨을 쉬면서 기쁘게 사는 것이 복인 것입니다.

5:19-20. "또한 어떤 사람에게든지 하나님이 재물과 부요를 그에게 주사 능히 누리게 하시며 제 몫을 받아 수고함으로 즐거워하게 하신 것은 하나님의 선물이라 그는 자기의 생명의 날을 깊이 생각하지 아니하리니 이는 하나님이 그의 마음에 기뻐하는 것으로 응답하심이니라"

이 세상에서 거지가 아닌 이상 벌거벗고 사는 사람은 없습니다. 하나님이 많이 맡기셨든 적게 맡기셨든 아름답게 사는 사람이 천국에 갈 것입니다. 그런 사람은 자기가 언제 죽는지 걱정하지 않습니다. 왜냐하면 바른길을 찾았기 때문입니다. 바른길을 찾은 사람은 그 길 그대로 가면 천국에서 영생과 큰 부를 누리게 될 것입니다.

15

후회 없는 인생

전 6:1-12

어떤 사람이 길을 가는데 길을 잘못 들어서 고생만 실컷 하고 원하는 목적지에 가지 못했다면 그는 길을 잘못 든 것에 대하여 후회할 것입니다. 우리가 이 세상에 살면서 후회 없는 인생을 살았다면 그 사람은 정말 성공한 인생을 산 것이라고 보아야 합니다.

미국에 '카르멘 에레라' 라는 남미 출신의 여성 화가가 있었습니다. 그런데 이 사람은 89세까지 단 한 점의 그림도 팔지 못한 무명의 화가였습니다. 그런데 이 사람이 90세가 되었을 때 뉴욕에서 열린 중남미 출신 예술가 특별전에 초청받으면서 유명해지기 시작했습니다. 그리고 이 사람의 그림은 100세에 꽃을 피웠습니다. 그리고 얼마 전 106세의 나이로 죽었습니다. 그녀는 자신의 미술이 인정받기 위하여 100년을 기다렸다고 말했습니다. 우리가 이런 사람을 상상해 볼 수 있을까요? 100년이라고 하면 대부분 사람이 죽었을 나이입니다. 그러나 그녀는 100년을 기다려서 유명해졌습니다. 그녀는 "기다리면 언젠가는 버스가 온다"는 심정으로 남이 알아주나 알아주지 않거나 꾸준히 그림을 그렸다고 합니다. 그녀를 아브라함같이 100세에 유명해지게 하신 분은 하나님이셨습니다.

이 세상에서 가장 공평한 것이 누구나 나이를 먹는다는 것입니다. 이 세상에 사는 사람들은 어김없이 일 년에 딱 한 살씩 먹습니다. 부자라고 해서 나이를 한꺼번에 많이 먹는 것도 아니고, 가난하다고 해서 나이를 천천히 먹는 것도 아닙니다. 그런데 자기만 나이를 먹어서 억울하다든지 아니면 자기만 세월이 너무 빨리 가서 인생이 아깝다고 말하는 것을 종종 볼 수 있습니다. 그러나 긴 인생을 살지 않아도 아름답게 살아서 인생이 헛되지 않은 사람도 많이 있습니다. 그런 사람은 후회 없는 인생을 산 사람이라고 말할 수 있습니다.

이 세상에서 솔로몬만큼 많은 복을 받은 사람은 없었습니다. 그는 지혜가 뛰어나서 이 세상의 어떤 학자보다 아는 것이 많았고, 그가 소유하고 있는 금이나 은은 한정이 없었습니다. 그리고 그는 이스라엘에서 가장 전성기 때 왕이었습니다. 그리고 그에게는 아름다운 부인이 천 명이나 있었습니다. 그러나 솔로몬은 그 엄청난 부와 지위나 지혜에도 불구하고 이 세상에 사는 것은 헛되고 헛되며, 헛되고 헛되도다고 고백했습니다.

솔로몬이 얼마나 인생의 허무를 이야기하는지, 차라리 이 세상에 태어나지 못하고 낙태되어 죽은 아기가 더 행복하다고 했습니다. 우리는 이 세상에 태어났기 때문에 태양과 바다도 보고, 친구도 사귀고, 학교도 다니고, 사랑도 할 수 있습니다. 그러나 이 세상에 악한 말이나 악한 행동만 하고 배설물만 잔뜩 남기고 죽는 사람 때문에 그 사람은 태어나지 못한 아이들보다 못하다는 것입니다. 사실 이 세상에 배설한 악한 말이나 쓰레기 때문에 자살하는 사람들이 그렇게 많고, 지구가 병들어서 어떤 곳에서는 폭우가 쏟아지고 어떤 곳에서는 눈 폭풍이 불고, 전염병이 전 세계에 퍼져서 몇억 명의 사람들이 병에 걸리고 수많은 사람이 죽었다고 합니다.

사람들이 이 세상에 있는 돈이나 권력이나 지식을 목표로 해서 산다면 후회하는 인생을 살 수밖에 없습니다. 그러나 우리 인생보다 훨씬 힘이 세고 강한 분을 붙들고 살면 후회하지 않는 삶을 살 수 있습니다.

1. 인생을 후회하는 사람들

사람들이 어렸을 때 미래를 생각하면 너무나도 할 것이 많습니다. 박사도 되고 싶고, 비행기 조종사도 되고 싶고, 정치인도 되고 싶고, 의사도 되고 싶고, 유명한 스포츠 선수도 되고 싶습니다. 그래서 유명해지고 싶기도 하고, 돈도 많이 벌고 싶기도 합니다.

사람이 뜨거운 사막을 가다 보면 너무나도 목이 마른데 앞에 물이 있는 곳이 보이고 나무도 보입니다. 그래서 마지막 힘을 다 짜내어서 죽으라고 그곳에 가 보니까 그곳에는 물도 없고 나무도 없습니다. 그는 바로 사막의 신기루를 보고 좇아갔던 것입니다. 대부분 사람이 이 세상을 살아가는 것은 마치 신기루를 좇아 살아가는 것과 같습니다. 거기에 가면 분명히 호수도 있고 야자나무 그늘도 있고 먹을 것도 있을 것 같은데, 막상 그곳에 가보면 아무것도 없는 것입니다.

젊었을 때는 마치 자기 앞에 신기루가 있는 것처럼 정신없이 앞을 향하여 달려가던 사람들도 나중에 죽을 때가 되면 너무나도 남들을 위해서 한 일이 없어서 자신의 인생을 후회하는 분들이 많습니다. 굳이 알코올 중독자나 사업 실패자나 노숙자가 되지 않아도 대부분 사람은 자신의 인생을 후회하면서 죽게 됩니다. 그래서 전도자는 이런 사람들은 차라리 태어나지 않고 죽은 아이보다 못하다고 했습니다. 예수님께서도 스승을 배신하고 죽은 가룟 유다에게 차라리 태어나지 않는 것이 더 좋을 뻔했다고 말씀하셨습니다(마 26:24). 그는 가장 더럽고 고통스럽고 뜨거운 지옥에 영원히 버려지기 때문입니다.

6:1. "내가 해 아래에서 한 가지 불행한 일이 있는 것을 보았나니 이는 사람의 마음을 무겁게 하는 것이라"

우리는 이 세상을 모두 무거운 마음으로 살아갑니다. 인생을 살아야 하는 것도 무거운 짐인데 미래의 삶까지 짊어지고 살아야 하고, 과거의 죄지은 것까지도 짊어지고 살아야 하니까 마음이 무거울 수밖에 없는 것입니다. 사람들은 이 세상을 살아가면서 과거에 지은 죄가 흙덩이 되어서 가슴을 누르기도 하고, 현실의 악이 늪이 되어서 발이 자꾸 빠져들기도 하고, 미래를 생각하면 희망이 없을 정도로 짐이 더 무거워지게 되는 것입니다.

결국 우리가 살아가는 이 세상 길은 진흙탕 길을 걸어가는 것과 같습니다. 그래서 많은 것을 들고 많은 짐을 지고 가는 것이 행복한 것 같은데, 나중에 알고 보면 그 짐이 엄청나게 무거워지게 되는 것입니다. 그러다가 수렁이나 늪에 한 번 빠져 버리면 그 짐과 함께 끝없는 나락에 빠져서 죽고 맙니다.

6:2. "어떤 사람은 그의 영혼이 바라는 모든 소원에 부족함이 없어 재물과 부요와 존귀를 하나님께 받았으나 하나님께서 그가 그것을 누리도록 허락하지 아니하셨으므로 다른 사람이 누리나니 이것도 헛되어 악한 병이로다"

어떤 사람이 돈 버는 재주는 없으면서 쓰는 재주만 가지고 있으면 결국 빚으로 다른 사람에게 큰 피해를 주든지 아니면 사기꾼이 되어서 감옥에 들어가게 됩니다. 그러나 어떤 사람은 돈을 버는 재주만 가지고 있고, 돈을 쓸 줄을 모릅니다. 그렇게 돈을 하나도 쓰지 않고 모으기만 하다가 나중에 치매가 오든지 죽든지 하면 다른 사람이 그 돈을 다 차지하게 되는 것입니다. 사실 우리가 힘들게 번 돈을 쓴다는 것은 아까운 일입니다. 그래서 하나님은 헌금을 하게 하셨습니다. 우리가 헌금을 하면 인색한 마음이 줄어들 것입니다. 그리고 또 자신에게 필요한 것을 사는 것입니다. 그때는 얼마든지 좋은 것을 살 수 있습니다. 그러다가 남을 돕는 좋은 일이 있으면 도울 수도 있습니다. 그리고 또 좋은 일에 투자도 할 수 있을 것입니다. 우리가 이런 것을 미리 어렸을 때부터 배워야 하고, 또 인생을 살아가면서 너무 인색하지 않도록 훈련해야 합니다. 사람 중에는 실컷 돈 모은다고 고생만 하고 살 만해졌을 때 병이나 사고로 죽는 사람들이 많이 있습니다. 그는 후회하는 인생을 산 것입니다.

6:3. "사람이 비록 백 명의 자녀를 낳고 또 장수하여 사는 날이 많을지라도 그의 영혼은 그러한 행복으로 만족하지 못하고 또 그가 안장되지 못하면 나는 이르기를 낙태된 자가 그보다는 낫다 하나니"

어떤 사람이 자녀를 좋아해서 여러 부인을 두고 많은 자녀를 낳았습니다. 그래서 그는 그 자녀들로 인하여 행복할 줄 알았는데, 자녀가 많으니까 그들끼리 돈 욕심이나 유산 문제로 싸우는 일이 많았습니다. 대표적인 인물이 다윗입니다. 다윗은 아주 잘생긴 아들을 여러 명 낳았습니다. 그러나 자식들끼리 근친상간도 하고 또 서로 죽이기도 하고, 심지어는 가장 사랑했던 아들이 왕이 되려고 아버지를 쫓아내었던 것입니다. 결국 아버지의 군대는 이 아들을 죽이고 다시 다윗을 왕으로 앉힙니다.

아들들은 부모가 살아계실 때는 찾아오기도 하지만 돌아가시고 난 후에는 서로 남남처럼 거의 만나지 않는 경우도 많습니다. 부인들끼리 만나기 싫어하기 때문입니다. 심지어 어떤 때는 자식들이 서로 싸우는 바람에 장례도 치르지 못한다고 했습니다.

솔로몬은 낙태된 자가 더 행복하다고 했습니다. 낙태된 자의 인생은 제로이기 때문입니다. 그 아이는 태어나지도 않았으므로 잘한 것도 없고, 못한 것도 없습니다. 심지어 그 아이는 이름조차 없습니다. 이 말은 사람이 이 세상에 태어났으면 태어난 값을 해야 하는데, 그 값을 하지 못하는 사람이 대부분이라는 뜻입니다.

2. 행복하지 못한 인생

사람이 자신의 인생에 대하여 후회하는 이유는 지금 자신의 인생이 행복하지 못하기 때문입니다. 그는 무슨 원인인지 모르지만, 자신의 인생에 만족하지 못하고 있습니다. 결국 불만에 가득 찬 인생을 살면 나중에 자기 인생을 후회하게 되는 것입니다.

6:6, "그가 비록 천 년의 갑절을 산다 할지라도 행복을 보지 못하면 마침내 다 한 곳으로 돌아가는 것뿐이 아니냐"

어떤 사람이 장수를 하는데 천 년의 갑절을 산다고 합시다. 이 사람은 이천 살이 되도록 사는 것입니다. 그런데 이 사람은 그렇게 긴 인생을 살면서도 행복을 한 번도 찾아본 적이 없습니다. 그 이유가 무엇일까요? 그는 열등감을 가지고 이 세상을 살았기 때문입니다. 어렸을 때는 아무것도 모르기 때문에 그냥 하루하루가 사는 것이 즐겁습니다. 그러나 초등학교나 중고등학교에 다니게 되면 다른 아이들과 자신을 비교하기 시작합니다. 그때는 공부 잘하는 아이도 있고, 못하는 아이도 있고 차별이 있습니다. 또 키가 큰 아이나 작은 아이 사이에 차별이 있습니다. 돈 많은 집 아이와 가난한 집 아이 사이에 차별이 있습니다. 그래서 남들보다 자기가 못하다는 생각이 들면 열등감을 가지게 됩니다. 이런 열등감을 가지고 살면 천 년을 두 번 살아도 행복하지 않은 것입니다.

우리가 좋아하는 다윗도 열등감이 심했던 것 같습니다. 아마도 다윗은 키가 그렇게 크지 않았던 것 같습니다. 그래서 모압을 정복하고는 남자들을 모두 눕혀 놓고 키가 두 자 이상 되는 사람은 전부 다 죽여 버렸습니다(삼하 8:2).

사람이 다른 사람을 사랑하는 마음으로 살지 않으면 후회하는 인생을 살게 됩니다. 또 자기 욕심만을 위해서 산 사람도 후회하게 됩니다. 욕심은 영원히 채워지지 않는 터진 항아리와 같기 때문입니다. 사람들의 모순은 그가 수고하는 것이 근본적으로 사람들의 입을 채우기 위함이라는 것입니다. 그러나 사람은 아무리 많이 먹어도 먹는 데 한계가 있고, 또 계속적으로 먹어야 합니다.

6:7, "사람의 수고는 다 자기의 입을 위함이나 그 식욕은 채울 수 없느니라"

사람들은 결국 음식을 먹어야 살 수 있습니다. 단지 부자나 가난한 자나 사람들 사이에는 얼마나 비싼 음식을 먹느냐 하는 차이가 있을 뿐입니다. 사람이 아무리 돈이 많고 음식이 많아도 그것을 채울 위는 하나밖에 없습니다. 그리고 시간이 지나면 또 먹어야 합니다.

결국 부자나 가난한 자나 죽으면 똑같은 데 간다고 했습니다.

6:8, "지혜자가 우매자보다 나은 것이 무엇이냐 살아 있는 자들 앞에서 행할 줄을 아는 가난한 자에게는 무슨 유익이 있는가"

사람이 아무리 공부를 많이 하고 유학도 갔다 오고, 학자가 되어서 남들 앞에서 리더를 한다고 해도 하나님이 도와주시지 않으면 악한 정치인이 됩니다. 시리아의 대통령도 영국에 유학을 갔다 오고 옥스퍼드 출신이라고 하지만, 얼마나 많은 자기 나라 사람들을 죽음으로 몰아넣었는지 모릅니다.

그리고 어떤 사람은 한평생 공상이나 하고 그림자나 좇는 인생을 살다가 후회하고 죽게 됩니다.

6:12. "헛된 생명의 모든 날을 그림자 같이 보내는 일평생에 사람에게 무엇이 낙인지를 누가 알며 그 후에 해 아래에서 무슨 일이 있을 것을 누가 능히 그에게 고하리요"

우리가 이 세상에 사는 것이 그림자라는 것을 안다면 그 실체를 찾아야 합니다. 그림자는 아무리 붙들어도 실체를 잡을 수 없기 때문입니다. 그림자는 실체를 보여주는 허상일 뿐입니다.

3. 후회 없는 인생을 사는 사람

우리가 후회 없는 인생을 살려고 하면, 그림자를 잡으면 안 됩니다. 솔로몬은 이 세상에 있는 것은 전부 그림자라고 했습니다. 그렇다면 실체는 따로 있다는 뜻입니다. 그 실체는 바로 하나님이십니다. 우리가 사막에서 물이 없어서 죽어 가는데 살려고 하면 신기루를 따라가면 안 되고, 지도를 보고 정확하게 물이 있는 곳을 찾아야 합니다. 초원에서 늪에 빠졌을 때 거기에서 빠져나오려고 하면 자기 혼자 힘으로는 안 되고 자기보다 힘이 월등하게 강한 사람이 거기에서 그를 빼내어 주어야 합니다.

사람은 백일몽을 꾼다고 해서 행복해지는 것이 아니라, 정신을 차려서 하나씩 하나씩 일을 해나가야 합니다. 하나님은 결코 우리에게 신기루가 아닙니다. 하나님만이 진정한 실체이고 도움이 되십니다. 하나님은 수렁에 빠져 있는 우리를 건지셔서 우리 인생을 보석같이 아름답게 만들어 주십니다. 그래서 우리가 후회 없는 인생을 살려고 하면 우리보다 힘이 월등하게 크신 하나님을 붙잡아야 합니다.

> 6:10. "이미 있는 것은 무엇이든지 오래 전부터 그의 이름이 이미 불린 바 되었으며 사람이 무엇인지도 이미 안 바 되었나니 자기보다 강한 자와는 능히 다툴 수 없느니라"

인간은 무식하게 자기보다 힘이 월등하게 크신 하나님과 다투려고 하기 때문에 행복하지 못한 것입니다. 하나님이 인간을 병으로, 우울증으로, 가난으로, 전쟁으로, 미친 것으로, 죽음으로 치시니까 인간은 행복하지 않은 것입니다.

그러나 하나님은 이미 오래전부터 우리 이름을 정해놓으셨습니다. 우리가 어머니 뱃속에 있을 때 이미 하나님은 우리의 이름을 부르셨습니다. 우리가 어렸을 때도 하나님은 우리의 이름을 불러주셨습니다.

하나님은 모세의 이름을 불러 주셔서 이스라엘 역사에 가장 위대한 하나님의 종이 되게 하셨습니다. 사울은 자기가 잘난 맛에 예수 믿는 사람들을 잡아 가두기 위하여 다메섹으로 갈 때 예수님이 그의 이름을 불러 주셨습니다. "사울아, 사울아, 네가 어찌하여 나를 박해하느냐?"(행 9:4). 그때 사울은 "주여, 누구십니까?"라고 물었습니다. 그때 주님은 "나는 네가 박해하는 예수다"라고 대답하셨습니다. 그렇게 예수님을 만난 이후 사울은 완전히 변하여 새사람이 되었고, 능력 있는 그리스도의 종 바울이 되었습니다.

하나님께서는 우리가 얼마나 약한 인간인 줄 아시고 우리의 인생을 강권적인 힘으로 인도하십니다. 그래서 사막에서는 신기루 대신에 샘물이 되시고, 우리가 늪에 빠졌을 때는 기중기가 되셔서 우리를 건져주시고, 우리가 병에 걸렸을 때 치료자가 되시고, 죽음 앞에서 영생이 되십니다. 하나님은 우리에게 사랑을 가르쳐주십니다. 그래서 우리는 자기 자신을 사랑할 줄 알게 됩니다. 우리는 모두 사랑받기 위해서 태어난 사람입니다. 그리고 우리는 다른 사람들도 사랑의 눈으로 보게 합니다. 우리의 미래는 천지를 지으신 하나님의 것입니다. 하나님은 우리의 무거운 짐을 가볍게 해주십니다.

6:11, "헛된 것을 더하게 하는 많은 일들이 있나니 그것들이 사람에게 무슨 유익이 있으랴"

사람들은 새 정치를 한다고 해서 더 많은 세금을 거두어들입니다. 그것이 사람들에게 무슨 유익이 있습니까? 정부는 새로운 교육을 한다고 하면서 교육 제도를 또 뜯어고칩니다. 그러면 학생들만 죽어나는 것입니다. 집값을 낮춘다고 수십 번이나 정책을 뜯어고치는데 더 집값이 올라가게 합니다. 그들은 답도 보르고 풀 방법도 모르면서 감히 인간의 문제를 해결한다고 덤벼들기 때문입니다.

우리 인생의 모든 답은 강하신 하나님께 있습니다. 하나님께 모든 무거운 짐을 넘겨드리고 이제 행복하시기 바랍니다. 우리는 완전할 필요가 없습니다. 미래를 두고 걱정할 필요도 없습니다. 우리는 어린아이같이 하루하루를 행복하게 사시기 바랍니다. 강하신 하나님이 다 해결해주실 것입니다.

16

인생의 선택

전 7:1-14

우리는 가끔 한 사람의 인생이 간단한 한두 마디 말로 표현되는 것을 볼 수 있습니다. 예를 들어서 우리가 성경에서 '니고데모'를 말할 때는 꼭 "밤에 찾아온 니고데모"라고 표현합니다. 니고데모는 예수님을 낮에는 자기 체면 때문에 찾아오지 못하고 밤에 찾아왔기 때문입니다. 또 도마라고 하면 '디두모 도마'라고 하는데 이는 쌍둥이라는 뜻입니다. 그러나 우리는 '도마'를 말할 때는 꼭 "의심 많은 도마"라고 합니다. 그가 예수님의 부활을 의심해서 자기 손가락을 예수님의 못 자국과 창 자국에 넣어보지 않고는 믿지 않겠다고 말했기 때문입니다. 또 가룟 유다를 말할 때는 꼭 "예수님을 팔아먹은 배신자 유다"라고 합니다.

사도 바울은 젊었을 때 교회를 많이 박해했던 사람이었습니다. 그러나 그가 예수님을 만난 후 한평생 복음을 위해서 살다가 죽었기 때문에, 사람들은 반드시 '샌 폴'(Saint Paul), 즉 '성자 바울'이라고 부릅니다. 젊었을 때 바울은 잘나가는 인생인 것 같았지만 하나님 앞에서는 죽은 인생이었습니다. 그러나 그가 자신의 달려갈 길을 다 달려간 후에는 영광의 바울이 되었습니다.

우리나라 어떤 청년은 자기가 사는 아파트에 새벽에 불이 난 것을 보고 가장 먼저 아파트 밖으로 뛰어나왔지만, 그는 불에 타 죽을 사람들을 생각해서 다시 아파트에 뛰어 들어가서 집집마다 문을 두들겨서 자는 사람들을 깨우고 피하게 하였지만, 정작 자신은 연기를 많이 마셔서 죽고 말았습니다. 사람들은 그 청년을 생각할 때 자기 생명을 버려서 많은 사람의 생명을 살린 '의인 ○○○' 라고 부르는 것입니다.

사람이 아주 짧은 시간 안에 즐거워하고 기뻐하고 다른 사람의 칭찬을 받기 위해서는 돈을 뿌리고 음식을 먹이면 되지만, 나중에 그 인생은 너무나도 비참하게 될 수 있습니다. 그러나 어떤 사람의 인생은 출발 때는 많은 시련과 어려움을 당해서 사람들의 인정도 받지 못하고 손가락질당했지만, 나중에 가서는 '성자' 라든지 '의인' 이라든지 '위대한 사람' 이라는 칭송을 받는 사람도 있다는 것입니다. 이런 사람 중에 과연 어떤 인생이 아름답다고 말할 수 있을까요? 두말할 것 없이 죽고 난 후에도 칭찬받고 존경받는 사람의 인생일 것입니다.

1. 좋은 이름을 얻는 사람들

사람은 이 세상에서 죽었거나 살았거나 다른 사람에게 좋은 평가를 얻기가 참 어렵습니다. 좋은 평가를 얻으려면 무엇인가 자신을 희생해야 하고 다른 사람에게 좋은 영향을 주어야 하기 때문입니다. 그러나 사람들은 모두 자기 하나 살기 바쁘고 남을 위해서 희생하기 싫은 이기심을 가지고 있으므로 다른 사람에게 좋은 이름을 얻지 못하는 경우가 많습니다.

7:1. "좋은 이름이 좋은 기름보다 낫고 죽는 날이 출생하는 날보다 나으며"

여기서 "좋은 이름"은 사람들의 좋은 평가를 말합니다. 다른 사람에게 좋은 평가를 받는다는 것은 아주 비싸고 좋은 기름을 가지는 것보다 낫다고 했습니다. 명품 향수는 비쌀 뿐 아니라 몸이나 옷에 뿌리면 아주 좋은 냄새가 납니다. 옛날 이스라엘이나 중동 지방에서는 날씨는 더운데 향유가 생산되지 않으므로 향유는 아주 비싼 가격에 유통되고 있었습니다. 그래서 돈이 많은 집 여인은 목에 향유 목걸이를 해서 냄새를 풍기면서 다녔습니다. 그러면 자기가 부잣집 여인임을 나타낼 수 있고, 또 몸에서 나는 땀 냄새도 없앨 수 있었습니다.

하나님은 무엇이라고 말씀하고 있습니까? 하나님에게 좋은 평가를 받는 것이 얼마나 어려운지, 이 세상에서 가장 비싼 향유나 명품을 가지는 것과 사람들로부터 엄청난 부러움을 사고 유명해지는 것보다 훨씬 더 어렵다고 했습니다.

예수님께서는 어떤 부자 청년이 찾아와서 "내가 어떻게 하면 영생을 얻을 수 있습니까?"라고 물었을 때 "네 가진 재산을 다 팔아서 가난한 자들에게 주고 나를 좇으라"고 대답하셨습니다(마 19:16-30). 즉 그가 가지고 있는 세상의 재물이나 명성이나 성공을 다 포기하고 하나님의 말씀을 붙잡으라는 뜻입니다.

우리가 성경을 보면 많은 능력과 기적들이 약속되어 있습니다. 그러나 실제 우리의 삶에는 그런 능력이 나타나지 않고 있습니다. 그 이유가 무엇일까요? 우리는 세상에 가진 것을 하나도 포기하지 않고, 자기 뜻이나 생각을 포기하지 않고 믿으려고 하기 때문이고, 하나님의 말씀을 잠재워놓고 있기 때문입니다. 이 세상에서 무소유보다 더 위대한 것은 하나님 말씀의 능력을 깨우는 것입니다. 그렇게 하려면 우리가 죽어야 합니다. 굶어 죽을 각오, 맞아 죽을 각오, 욕먹어 죽을 각오를 하고 말씀을 붙잡아야 하나님의 말씀이 살아나게 됩니다.

2. 잔칫집과 초상집

우리가 이 세상에 태어나는 것이 좋을까요, 아니면 죽는 것이 좋을까요? 그것은 말하나 마나 새로 태어나는 것이 몇백 배 좋을 것입니다. 새로 태어난다는 것은 미래가 있고 꿈이 있고 수많은 가능성이 있기 때문입니다. 그러나 죽는다는 것은 격심한 고통 가운데 있고 혼자 일어나지도 못하고 숨이 끊어지는 순간만 남았기 때문입니다.

그런데 성경에는 우리가 생각하는 것과 정반대되는 말씀을 하고 있습니다. 즉 1절 후반에 "죽는 날이 출생하는 날보다 낫다"고 했습니다. 이것은 비유가 포함되어 있습니다. 여기에서 '출생하는 날'이라는 것은 이 세상에서 한창 잘 나가는 날을 말합니다. 한창 잘 나갈 때는 돈도 많이 벌고 술도 많이 마시고 비행기를 타고 여러 곳에 돌아다니기도 합니다. 그러나 사람들이 이렇게 되면 한 가지 중요한 것을 잃어버리게 되는데, 그것은 자기가 누구인지를 잃어버리게 된다는 것입니다. 그리고 인간미라는 것이 없어지게 됩니다. 사람이 잘 나갈 때는 자기를 생각할 시간이 없습니다. 정신없이 돈을 넣고 빼고, 사람들을 만나야 하기 때문입니다. 그리고 가정의 가족에게도 관심이 없고, 돈이면 세상 모든 일이 다 해결될 것이라고 생각합니다. 그러나 결국 그는 가진 것이 돈밖에 없게 됩니다. 그리고 나중에는 돈도 없고 가족도 찾지 않는 완고한 병든 노인네가 되어서 죽어가게 되는 것입니다.

7:2. "초상집에 가는 것이 잔칫집에 가는 것보다 나으니 모든 사람의 끝이 이와 같이 됨이라 산 자는 이것을 그의 마음에 둘지어다"

사람은 할 수 있는 대로 잔칫집에 가려고 하지, 초상집에는 가려고 하지 않습니다. 사람이 죽은 집에는 슬픔이 있고 눈물이 있고 절망이 있지만, 잔칫집에는 기쁨이 있고 맛있는 음식이 있고 노래가 있고 즐겁기 때문입니다. 성경은 죽음은 긴 마라톤 인생의 골인 지점이라고 비유하고 있습니다. 마라톤 경기를 할 때 중간에 숨이 차거나 더워서 죽을 것 같지만, 끝까지 달려서 완주해야 마라톤이 완성되게 됩니다. 마찬가지로 인생도 마라톤에서 결승점까지 가야 완성되는 것입니다. 잔칫날에는 그냥 성공해서 먹고 마시고 즐거워하면서 좋아하는 것밖에 없습니다.

우리가 초상집에 가면 '결국 나도 언젠가는 저 자리에 저렇게 누워서 죽는구나' 하는 것을 생각하게 됩니다. 그리고 조문객들은 둘러앉아서 말하는데 '저 사람은 돈밖에 모르는 사람이었어.' 라고 하기도 하고, '형편없는 인간인데 정말 잘 죽었어.' 라고 말할지도 모릅니다. 만일 우리가 다른 사람으로부터 '저 사람 잘 죽었어' 라는 말을 듣게 된다면 그것은 정말 실패한 인생일 것입니다.

그렇다면 우리가 늙어가는 것은 무엇입니까? 우리가 늙는 것은 아무것도 하지 않는 것이 아니라 결승점을 향하여 마지막 힘을 내어서 달려가는 것입니다. 이제는 힘도 없습니다. 이제는 다른 꿈도 꿀 수 없습니다. 이제는 시간도 얼마 남아 있지 않습니다. 그러나 마지막 힘을 다해서 결승점을 향하여 달리고 있는 것입니다. 그런데 육상경기하는 것을 보면 결승선에 가까이 왔는데 뒤에서 달리던 사람이 앞 사람을 제치고 들어가는 경우가 많이 있습니다.

7:3. "슬픔이 웃음보다 나음은 얼굴에 근심하는 것이 마음에 유익하기 때문이니라"

여기서 "슬픔"은 젊어서 실패하고 고난받는 것을 말합니다. 어떤 사람은 직장에 실패하고, 어떤 사람은 공부에 실패하고, 어떤 사람은 결혼에 실패해서 밑바닥 인생부터 출발하게 됩니다. 그는 닥치는 대로 모든 일을 하면서도 성실하게 합니다. 그리고 "웃음"은 성공했다고 해서 자기만족에 빠지는 것을 말합니다. 사람이 젊어서 성공하면 자기가 너무 유능하고 똑똑해서 모든 것을 다 할 수 있다는 환상에 빠지기 때문에 결국 나중에 무리한 투자를 하거나 법을 어기는 일을 해서 망하게 됩니다. 그러나 슬퍼하던 자는 모든 일을 성실하게 하기 때문에 결국 사람에게 인정받고 나중에는 상을 받게 됩니다. 그래서 젊어서 너무 성공하는 것은 나중에 망하는 길입니다.

3. 책망과 노래

사람들은 누구든지 책망받는 것을 싫어합니다. 그 대신에 아름다운 음성을 가진 가수가 멋진 사랑의 노래를 불러주는 것은 좋아합니다. 그러나 우리는 다 된 사람이 아닙니다. 나중에 책임자가 되어보면 옛날에 선생이 있어서 자기에게 야단치던 시절이 얼마나 행복했는지 알 수 있습니다. 나중에 책임자가 되면 아무도 가르쳐주는 사람이 없습니다. 그리고 누구에게도 물어볼 사람이 없습니다. 그러나 우리는 인생을 아직 너무 알지 못합니다.

7:5-6. "지혜로운 사람의 책망을 듣는 것이 우매한 자들의 노래를 듣는 것보다 나으니라 우매한 자들의 웃음 소리는 솥 밑에서 가시나무가 타는 소리 같으니 이것도 헛되니라"

"지혜로운 사람"은 이미 어려운 문제를 겪어 보았고 그것을 도와줄 수 있는 코치나 레슨 선생을 말합니다. 우리의 실력이 자라지 않는 이유는 같은 실수를 반복하기 때문입니다. 그러나 코치나 선생들은 이미 그 단계를 넘어섰기 때문에 우리로 하여금 반복해서 실수하는 부분을 극복하게 해줍니다. 그러나 우리에게 감동을 주고 눈물 흘리게 하는 사랑의 노래는 한순간 감동하게 하지만, 실제로 세상을 살아가는 데는 도움이 되지 않습니다.

"우매한 자들의 웃음 소리는 솥 밑에서 가시나무가 타는 소리와 같다"고 했습니다. 가시나무를 솥 밑에 넣고 불을 붙이면 타닥타닥하면서 빨리 불이 붙는데, 나뭇잎이나 얇은 가지만 불이 붙고 금방 꺼지기 때문에 화력이 세지 못해서 밥이 되지 않습니다. 그러나 장작이나 굵은 통나무에 불을 붙이는 것은 어렵지만 한번 불이 붙으면 소리 없이 오래오래 타기 때문에 맛있는 밥이 되는 것입니다.

우리는 이 세상에서 탐욕을 부리는 순간, 술에 취한 것같이 중독되어서 정신을 차리지 못하게 됩니다.

7:7. "탐욕이 지혜자를 우매하게 하고 뇌물이 사람의 명철을 망하게 하느니라"

탐욕을 가지는 순간, 사람은 탐욕에 중독되게 됩니다. 요즘 정치하는 사람들을 보면 완전히 정치에 중독이 되어서 영혼이 없이 줄을 대거나 설치는 것을 보게 됩니다. 명예를 탐하는 자는 명예에 중독되어서 다른 사람들이 다 비방하는데도 자기만 그것을 알지 못하고 따라다니는 것을 보게 됩니다. 우리가 인생을 긴 마라톤으로 생각한다면 물론 처음에 빨리 뛰어서 일등으로 뛰는 것도 필요하지만 끝까지 인내해서 자기 페이스로 달리다가 나중에 스퍼트를 내서 우승하는 것이 훨씬 좋을 것입니다.

7:8-9. "일의 끝이 시작보다 낫고 참는 마음이 교만한 마음보다 나으니 급한 마음으로 노를 발하지 말라 노는 우매한 자들의 품에 머무름이니라"

마라톤 하는 사람이 급한 마음에 초반부터 선두로 달려서 힘을 다

빼버리면 나중에 달릴 힘이 없어지게 되어 중도에 탈락하게 됩니다. 물론 육상경기에서는 스타트도 중요하지만, 반드시 그런 것은 아닙니다. 끝까지 자기 페이스를 유지하면서 끝에 가서 승리하는 것이 바람직합니다. 더욱이 모든 일을 할 때 분노로 하지 않는 것이 좋습니다. 분노하는 사람은 인생의 방향이 틀렸기 때문입니다. 이런 사람은 분이 풀려도 다른 사람을 괴롭게 합니다. 그는 결코 좋은 평가를 받을 수가 없습니다.

7:10, "옛날이 오늘보다 나은 것이 어찜이냐 하지 말라 이렇게 묻는 것은 지혜가 아니니라"

사람은 어려움이 찾아오면 옛날에 잘나갔던 때를 그리워합니다. 옛날에는 큰소리도 쳤고, 옛날에는 돈도 내 마음대로 썼고, 옛날에는 잘 나갔는데, 지금은 모든 것을 다 잃어버린 것입니다. 이런 것은 바보나 하는 짓입니다. 인생을 짧게 볼 때는 먹고 마시고 즐거워하고 사람들의 칭찬을 듣는 것이 좋은 것 같지만, 인생을 긴 마라톤으로 생각하면 마지막에 웃는 자가 진짜 승리한 사람입니다. 하나님은 오랜 시간 하나님을 기다렸던 아브라함과 사라를 웃게 하셨습니다. 그래서 아브라함이 100세, 사라가 90세에 낳은 아들의 이름은 웃음이라는 뜻의 이삭이었습니다. 마지막에 하나님이 우리를 웃게 하실 것입니다.

17

아름다운 인생

전 7:15-29

사람은 누구든지 아름다운 것을 보면 좋아하고 또 자신도 아름다워지고 싶어 합니다. 봄이 되면 아름다운 꽃이 많이 피게 되는데 그때 꽃들이 너무 아름다워서 활짝 핀 벚꽃 아래서 사진을 찍기도 합니다. 장미꽃을 좋아한 시인 중에 라이너 마리아 릴케가 있는데, 장미를 너무 좋아해서 장미를 가지고 시를 많이 썼고, 죽을 때에도 장미 가시에 찔려서 그것이 덧나는 바람에 죽게 됩니다.

우리 인간은 많은 것을 추구하면서 살아갑니다. 어떤 사람은 공부를 추구하고, 어떤 사람은 성공을 추구하고, 어떤 사람은 돈을 많이 버는 것을 추구합니다. 많은 사람이 그런 것을 추구하는 가운데 잃어버리는 것이 바로 자기 자신의 아름다움입니다. 사람은 누구든지 아름답기를 원합니다. 그러나 어떤 사람은 아름다운 것보다는 지혜가 있어서 공부 잘하는 것을 더 원합니다. 어떤 사람은 공부 잘하는 것보다 유명해지는 것을 더 원합니다. 그 과정에서 자기 자신이 누구인지 모르고 욕심과 더러운 정욕과 위선에 빠져서 허우적거리기도 합니다. 사람은 아름다운 것이 가장 좋습니다. 그런데 아름다우려고 하면 마음에 기쁨과 행복이 있어야 합니다. 아름답지만 교만하면 사람이 우울해지든지 오만에 빠지게 됩니다.

제가 대학생 때 읽은 책 중에 가장 우울한 기분이 들었던 책은 전혜린 씨가 쓴《그리고 아무 말도 하지 않았다》입니다. 이 사람은 아름다웠고 경기여고와 서울대 법대를 나온 후 독일의 뮌헨대로 유학을 갔습니다. 그가 경기여고 다닐 때 친구 하나가 자기에게《데미안》이라는 책을 빌린 후에 다음 주 월요일에 돌려주겠다고 했습니다. 그래서 빌려주었는데 그 친구는 월요일에 책을 돌려주지 않았고 학교에도 나오지 않았습니다. 그런데 몇 달 후에야 그 친구 어머니를 만났는데, 그 친구가《데미안》을 읽으면서 그날 밤에 죽었다는 것입니다. 이런 일화를 글로 보여주는 그녀는 머리는 뛰어났지만 생각하는 것이 너무 우울했던 것 같습니다. 그 우울함 속에는 뛰어난 머리와 오만한 마음도 있었습니다. 끝내 그녀는 한국에서 어느 여대 교수로 있다가 우울증을 이기지 못해서 자살하고 말았습니다.

우리가 이 세상을 살아가면서 자신의 아름다움을 한 번도 발견하지 못했다면 실패한 인생입니다. 그는 인생의 가장 중요한 것은 놓치고 다른 길을 열심히 달려간 것입니다. 우리는 바른길을 달려서 일등을 해야 합니다.

1. 자기 아집에서 벗어나기

나이가 들었거나 젊었거나 가장 먼저 찾아야 하는 것은 자신의 아름다움입니다. 그러나 우리는 이 세상에서 가지고 싶은 것이 너무 많고 또 다른 사람 앞에서 잘난 체하고 싶지만 자신의 아름다움을 찾을 시간이 없이 세상을 살아갑니다. 자신의 아름다움을 모르고 이 세상을 사는 인생은 허무한 것입니다.

7:15, "내 허무한 날을 사는 동안 내가 그 모든 일을 살펴 보았더니 자기의 의로움에도 불구하고 멸망하는 의인이 있고 자기의 악행에도 불구하고 장수하는 악인이 있으니"

여기서 "내 하무한 날을 사는 동안"이라는 것을 보면, 솔로몬도 이 세상을 살면서 그 지혜와 돈과 인기에도 불구하고 자신의 아름다움을 모르고 살았다는 것입니다. 솔로몬은 나이가 들어서 늙으면 늙을수록 젊은 이방 공주들에게서 인정받고 거기서 행복을 찾으려고 했습니다. 그러나 젊은 여자가 늙은 남자에게서 바라는 것은 돈밖에 없는 것입니다. 그래서 결국 솔로몬은 이 젊은 외국 공주들의 사랑을 받기 위하여 하나님을 버리고 이방 신전을 짓고 이방신을 경배하게 됩니다.

본래 솔로몬이 중요하게 생각했던 것은 '정의'였습니다. 하나님의 백성은 정의로워야 하고, 정의로운 사람이 성공하고 반대로 악한 사람은 실패한다고 생각했습니다. 그런데 솔로몬이 이 세상 돌아가는 것을 보니까 의로운 사람이 잘 되기는커녕 망하기도 하고, 오히려 악한 사람 중에서 잘 되는 사람들이 너무 많았던 것입니다. 솔로몬은 나이가 들어 인간의 정의나 불의도 별것이 아니라는 것을 깨달은 후에야 이 사실을 발견하게 됩니다. 정치하는 사람들이 생각하는 정의는 힘입니다. 즉 힘으로 밀어붙이면 불의도 정의가 되고, 힘에서 밀리면 정의도 불의가 되어 감옥에 들어가는 것입니다.

솔로몬이 나중에 생각해보니까 사람에게 중요한 것은 옳고 틀린 것이 아니라, 마음이라는 것이었습니다. 어떤 사람은 정의롭기는 한데 일체 타협이 없이 목숨을 걸고 정의를 부르짖는 사람이 있습니다. 이 사람은 자신의 정의를 위해서는 다른 사람의 행복도 짓밟고 법도 어기면서 정의를 주장했습니다. 그러니까 이 사람은 적이 너무 많아지게 되었고 그를 시기하거나 부담스러워하는 사람이 많아지게 되었습니다.

그리고 정의를 부르짖는 사람 중에는 사실 자신을 모르는 사람이 너무 많습니다. 사람들은 그런 사람을 좋아하지 않습니다. 언젠가는 그 사람의 총구가 나를 향할 것이기 때문입니다. 그래서 사람들은 정의가 무엇이며 불의가 무엇인지 알아도 하나님을 앞세우고 참고 지내는 사람을 좋아합니다.

그리고 불의한 자가 더 장수하고 잘 산다는 것은 그가 아부하기 때문입니다. 그는 힘을 가진 자에게 아부와 아첨을 잘하기 때문에 세상에서 더 잘 나가게 됩니다. 그러나 높은 사람의 악을 전부 자기가 다 뒤집어쓰고 세도를 누리는 것입니다. 그런 사람은 오래 살지만 사람들은 그를 경멸합니다. 그래서 그런 사람은 오래 살면 살수록 더 수치스러운 것입니나. 하나님께서는 어떤 악한 사람은 아주 오래 살게 하실 때가 있습니다. 그렇게 해야 사람들이 그의 추한 모습을 보고 깨닫게 되기 때문입니다.

사람이 자기의 아름다움을 발견하지 못하는 중요한 이유는 지혜에 대한 욕심 때문입니다. 어린아이 때에는 누구든지 귀엽고 아름답습니다. 그러나 부모는 아이가 공부 잘해서 좋은 대학에 들어가도록 하려고 공부만 강요하는 것입니다. 그래서 아이는 자기 자신을 생각할 틈이 없습니다. 이것이 청소년기와 청년기까지 이어지면 양심까지도 팔아버리고 세상에서 성공하려고 몸부림치게 됩니다.

7:16, "지나치게 의인이 되지도 말며 지나치게 지혜자도 되지 말라 어찌하여 스스로 패망하게 하겠느냐"

여기서 "지나치게 의인이 된다"는 것은 자기 자신은 어떤 상태에 있는지도 모르면서 다른 사람의 불의를 보고 공격하는 것입니다. 이런 사람은 예수님의 비유에 의하면 자기 눈에 있는 들보는 보지 못하면서 다른 사람의 눈에 있는 티를 보는 사람입니다.

또 "지나치게 지혜자가 된다"는 것도 마찬가지입니다. 어린아이는 어린아이로서, 청소년은 청소년으로, 청년은 청년으로 아름다운 모습이 있습니다. 그러나 이런 자신의 아름다움은 생각하지 않고 무조건 공부를 더 잘해서 최고의 대학에 가거나 박사가 되고 교수가 되려고 지나치게 공부하는 것입니다. 물론 그는 세상에서는 성공한 사람이 될 것입니다. 그러나 하나님 앞에서는 허망한 인생이 되는 것입니다. 우리가 어렸을 때부터 하나님을 찾으면 이런 아집에서 벗어나고 자신의 아름다움을 찾을 수 있게 됩니다.

7:18, "너는 이것도 잡으며 저것에서도 네 손을 놓지 아니하는 것이 좋으니 하나님을 경외하는 자는 이 모든 일에서 벗어날 것임이니라"

우리는 지혜도 가지고 정의도 가지고 자신의 아름다움도 가질 수 있어야 합니다. 그 방법은 오직 하나님을 믿는 것밖에 없습니다. 우리가 하나님을 믿으면 하나님이 나를 사랑하시는 것을 알게 됩니다. 그런 사람은 아름다운 사람입니다. 그런 사람은 지혜나 정의도 무시하지 않고 바른 것을 택합니다. 그리고 자신의 아집에서는 벗어나게 되는 것입니다. 그는 지혜가 모든 것을 다 아는 것이 아님을 압니다. 그리고 인간의 정의라는 것이 너무나도 편협한 정의이며, 하나님께서 모든 불의를 바로 잡으신다는 것을 압니다. 그러나 자신의 아름다움을 모르는 자는 오직 한 가지만 붙잡고 전부인 것처럼 큰소리를 치기 때문에 미움을 사서 빨리 죽게 되는 것입니다

2. 지혜로운 말의 능력

머리가 좋아서 좋은 대학을 나오고 박사학위를 받고 심지어는 노벨상까지 받으면 최고로 행복한 사람이라고 생각할 것입니다. 물론 어떤 사람이 공부를 많이 해서 좋은 성과를 낸다면 본인에게는 영광이고 다른 사람들에게도 유익할 때가 많습니다. 그러나 우리 인생에는 정답이라는 것이 없을 때가 많습니다.

7:19. "지혜가 지혜자를 성읍 가운데에 있는 열 명의 권력자들보다 더 능력이 있게 하느니라"

어떤 성읍 안에 권력을 가진 자가 열 명이나 있었습니다. 그들은 다른 나라가 쳐들어왔을 때 오직 힘으로만 승부를 가리려고 했습니다. 그들은 힘이 있으면 사람이 아무리 죽더라도 적을 물리치는 것이고, 힘이 없으면 전부 죽든지 아니면 포로가 되는 것이라고 생각했습니다. 그런데 그 성읍 중에 하나님의 지혜를 가진 자가 있었습니다. 이 사람이 기도했더니 하나님께서 적에게 역병을 주셔서 물러가게 하시고, 어떤 때는 서로 간의 이해나 욕심이 달라서 자기들끼리 싸우다가 망하게도 하셨다는 것입니다.

그러므로 우리는 이 세상에서 두 가지를 생각해야 합니다.

하나는 이 세상에서 완전히 의로운 자는 없다는 것입니다.

7:20. "선을 행하고 전혀 죄를 범하지 아니하는 의인은 세상에 없기 때문이로다"

사람들은 선도 행하지만 또 다 악도 행하게 되어 있습니다. 그래서 내가 남을 공격하면 자기도 그만큼 공격받을 줄 각오해야 합니다.

그동안 우리나라를 지배했던 사상은 '내로남불' 이었습니다. 이것은 자신이나 자기편이 하는 것은 로맨스이고 반대쪽이 하는 것은 불륜이라는 생각입니다. 그러나 이제는 그 로맨스가 다 심판받게 됩니다.

또 하나는 그래서 다른 사람들이 하는 말을 마음에 크게 두지 말라는 것입니다.

7:21. "또한 사람들이 하는 모든 말에 네 마음을 두지 말라 그리하면 네 종이 너를 저주하는 것을 듣지 아니하리라"

사람들이 야단치고 책망하는 것은 모두 자기 기준에서 떠드는 소리이기 때문에 너무 마음에 두지 말라고 교훈합니다. 어떤 때 그렇게 충성된 줄 알았던 종이 다른 사람 앞에서 자기를 비난하는 소리를 들을 때가 있기 때문입니다. 그리고 어떤 때는 우리도 다른 사람들과 함께 남을 비방할 때가 많이 있는 것입니다. 그러나 사실 우리가 남을 비방하는 것은 쉽지만, 남이 나를 저주하는 소리를 들으면 이것이 마음에서 없어지지 않고 화병이 되고 스트레스가 되거나 심지어는 공황장애를 일으킬 때가 많이 있습니다.

우리가 어떻게 하면 남이 저주하는 말을 듣고 화병이나 공황장애에 걸리지 않을 수 있을까요? 가장 좋은 방법이 하나님께 아뢰는 것입니다. 그가 한 말을 다 일러바치고 하나님께서 그 사람을 보복해달라고 기도하는 것입니다. 그렇지 않으면 그 사람은 내가 상대할 가치가 없는 사람이라 생각하고 그다음부터는 상대하지 않는 것입니다. 그러나 상대방을 만나서 따지려고 하는 것은 굉장히 어리석은 행동입니다. 이런 사람은 이미 대화가 안 되는 사람이기 때문입니다.

3. 인간 지혜의 한계

사람이 공부를 많이 하고 책을 많이 읽으면 이 세상의 모든 원리를 다 알 것 같은 생각이 듭니다. 그러나 솔로몬은 아무리 공부를 많이 하고 책을 읽으면 읽을수록 점점 더 자기가 미련해지는 것을 알게 되었습니다. 그 이유가 무엇일까요? 인간은 원래부터 모든 것을 다 알 수 없게 만들어져 있기 때문입니다.

7:23, "내가 이 모든 것을 지혜로 시험하며 스스로 이르기를 내가 지혜자가 되리라 하였으나 지혜가 나를 멀리 하였도다"

솔로몬은 하나님으로부터 특별한 지혜의 축복을 받았습니다. 솔로몬은 자기 지혜로 공부를 더 열심히 해서 모든 것을 통달하는 지혜자가 되리라고 생각했습니다. 그런데 공부를 하면 할수록 지혜는 더 멀리 달아났습니다. 지혜는 자기 손에 잡힐 것 같다가도 빠져나가고, 또 빠져나가서 도저히 잡을 수 없었습니다. 왜 인간은 지혜가 있지만 답을 찾지 못할까요? 가장 중요한 이유는 인간은 절대로 미래를 알 수 없기 때문입니다. 미래를 알기 위하여 통계를 내고 여러 가지를 가지고 추측을 하지만 인간은 절대로 미래를 알 수 없습니다. 그리고 인간은 자기에게 일어날 일을 알 수 없습니다. 가장 허망한 것이 바로 이것입니다. 인간은 당장 자기 자신에게 어떤 일이 일어날지 알지 못한다는 것입니다.

더욱이 인간은 모두 광기에 사로잡혀 있어서 이 광기에서 벗어날 수 없습니다.

7:25, "내가 돌이켜 전심으로 지혜와 명철을 살피고 연구하여 악한 것이 얼마나 어리석은 것이요 어리석은 것이 얼마나 미친 것인 줄을 알고자 하였더니"

사람이 지혜를 추구하면 추구할수록 나쁜 지혜가 생기는 것이었습니다. 즉 지혜가 있을수록 법망을 피하거나 고도의 방법으로 죄를 짓고 감추는 방법을 알게 되는 것입니다. 사람들은 언젠가는 이것이 다 들통이 날 줄 압니다. 그러나 사람은 그 어리석은 것을 떨쳐버리지 못하고 결국 미친 광기로 흐르게 되는 것입니다. 그래서 지금의 우리나라는 모든 것이 미쳤고 모든 것이 엉망진창이 되었습니다.

인간의 마음에는 악한 욕망이 있는데, 이것은 거머리 같은 여인보다 더 지독하게 달라붙습니다.

7:26. "마음은 올무와 그물 같고 손은 포승 같은 여인은 사망보다 더 쓰다는 사실을 내가 알아내었도다 그러므로 하나님을 기쁘게 하는 자는 그 여인을 피하려니와 죄인은 그 여인에게 붙잡히리로다"

인간의 욕망은 절대로 떨어지지 않는 음녀와 같습니다. 어떤 사람이 여자를 잘못 사귀어서 헤어지려고 할 때 떨어지면 괜찮은데, 절대로 떨어지지 않고 붙잡고 늘어지는 여자가 있습니다. 그 이유는 넘지 못한 선을 넘었기 때문입니다. 그래서 그 여자는 올무와 같고 손은 포승줄이 되어서 같이 죽자고 붙잡고 늘어져서 결국 망신은 망신대로 다 당하고 망하는 것입니다.

우리가 아름다움을 찾는 것은 하나님 앞에서 찾을 수 있습니다. 우리가 이 아름다움을 지키면서 살아갈 때 결코 후회하지 않는 아름다운 삶을 살 수 있습니다.

18

지혜로운 자

전 8:1-8

요즘은 천연두에 걸려서 죽거나 그 후유증으로 얼굴에 보기 싫은 흉터가 남는 사람이 거의 없지만 옛날에는 엄청나게 많았습니다. 그런데 영국의 의사 중에 에드워드 제너라는 사람이 보니까 다른 사람들은 천연두에 걸려도 소를 치는 목동이나 소젖을 짜는 여자아이는 천연두에 잘 걸리지 않는 것을 발견했습니다. 그래서 이 의사는 소와 천연두가 관련이 있다고 생각해서 천연두에 걸린 사람의 피를 소에게 주사를 놓고 그 항체를 사람들에게 다시 주사했더니 그 사람들은 천연두에서 치료되었고 이 주사를 맞은 어린이들은 아예 천연두에 걸리지 않게 되었습니다. 그 후에 천연두 백신이 만들어져서 이제 천연두에 걸리는 사람은 거의 없어지게 되었습니다. 이와 같이 사람이 자기가 가진 지혜를 바르게 사용하니까 많은 사람의 생명을 살릴 수 있게 되었습니다.

우리나라에 처음 고속도로라는 것이 뚫리게 되었을 때 야당을 비롯한 사람들의 반대가 심했습니다. 대통령이 쓸데없이 길이나 내서 자연을 훼손하려고 한다고 비판하고 반대했습니다. 그래도 대통령은 힘든 경부고속도로 공사에 육군의 공병부대까지 투입해서 완성을 시켰습니다. 만일 그때 그 고속도로를 만들지 않았더라면 우리나라는 산업 인프라가 없어서 영구적인 후진국을 면할 수 없었을 것입니다. 우리 교회 앞에 있는 달구벌대로도 처음에는 너무 크고 넓게 만드는 것이 아닌가 하는 여론이 있어서 반대가 많았지만 지금은 엄청나게 많은 자동차들이 다닐 수 있게 되었고 대구의 중심 도로가 되었습니다.

서울에서도 한강가에 쓰레기를 모아놓던 난지도라고 하는 쓰레기 처리장이 있었는데, 그곳 위에 흙을 덮고 나무들을 심으니까 지금은 희귀한 새들이 날아다니고 야생 동물들이 사는 세계적인 공원이 만들어지게 되었습니다.

구약 시대에 보면, 요셉이 지금은 풍년이 7년 동안 계속되지만 그 뒤에는 바로 극심한 흉년이 와서 나라 전체가 굶을 수 있다는 것을 미리 알고는 풍년에 곡식이 풍부할 때 흥청망청 쓰지 않고 전부 보관했다가 흉년이 되었을 때 비축한 곡식을 풀어서 나라와 백성을 모두 살리게 된 것을 보게 됩니다.

우리가 이 세상을 보면 지혜를 사용해서 남을 이롭게 하고 자기 인생도 쓸데없는 일에 망가지지 않는 지혜자가 있는가 하면, 땅이나 건물이나 돈만 많이 가지고 욕심스럽게 살다가 미련한 자로 죽는 사람도 많이 있습니다.

1. 네 자신을 아는 것이 지혜

요즘은 나이가 들면서 치매라는 무서운 병에 걸리게 되는데, 치매에 걸리면 자기가 누구인지 모르고 가족도 알아보지 못하게 됩니다. 그러나 사람들이 자기 자신이 누구인지 알지 못하면 결국 정신적인 치매에 걸린 것과 같습니다. 그런 사람은 평생 성공하면서 살아도 결국 자신의 인생이 무엇인지 자기가 누구인지 모르고 죽는 것입니다.

하나님은 사람을 만드실 때 너무 뛰어나게 만드셨습니다. 그런데 하나님은 사람의 육신은 흙으로 만드셨습니다. 그래서 사람은 결국 흙과 하나님 중간의 존재인 것입니다. 사람들은 자기 자신을 찾기 위해서 최고가 되려고 합니다. 그러나 사람이 자기 자신을 찾는 것은 치매를 치료하는 것보다 더 어려워서 쉽게 고칠 수 없습니다. 그래서 사람들이 지혜가 있다고 하지만 그것은 일시적으로 돈을 벌거나 유명해지는 지혜에 불과한 것입니다.

8:1, "누가 지혜자와 같으며 누가 사물의 이치를 아는 자이냐 사람의 지혜는 그의 얼굴에 광채가 나게 하나니 그의 얼굴의 사나운 것이 변하느니라"

사람 중에는 얼굴에 광채가 나는 사람이 있는가 하면, 얼굴이 사나운 사람도 있습니다. 결국 이것은 자신이 누구인지 아는 것과 관계가 있습니다. 자기가 누구이며 자신의 길을 찾은 사람은 마음이 안정되고 자신감이 있기 때문에 얼굴에서 빛이 납니다. 거기에 비해서 아직 자기가 누구인지 모르고 자신의 길을 찾지 못한 사람은 마음이 불안하고 화가 나기 때문에 얼굴이 사납게 되는 것입니다.

오늘 우리에게 가장 중요한 문제는 '내가 누구냐' 하는 것입니다. 이것은 내 나이가 몇 살이냐 하는 것으로 해결되지 않고, 어느 대학을 나와서 어떤 일을 하고 있느냐 하는 것으로도 해결되지 않습니다. 그것은 어디까지나 그 사람의 껍데기에 불과한 것이지 진정한 자신이 아니기 때문입니다.

소크라테스는 '네 자신을 알라' 라는 말을 했습니다. 이것은 유명한 델포이 신전 입구에 새겨진 말이라고 합니다. 그러나 사람은 자신을 찾는 것이 어렵습니다. 우리 모든 인간은 뛰어나기는 하지만 너무 중요한 부분에 고장이 났기 때문입니다. 그래서 인간은 하나님을 만나서 치료받기 전에는 자신을 찾을 수 없습니다. 이것이 가장 중요한 지혜인 것입니다.

그런데 우리 인생에 대하여 가장 분명한 말씀을 하신 분이 있습니다. 그분은 바로 하나님이 보내신 하나님의 아들입니다. 예수님은 "나는 길이요, 진리요, 생명이라"고 하셨고, 또 제자들에게 "나는 포도나무요 너희는 가지니 나에게 붙어 있으면 많은 열매를 맺을 수 있다"고 하셨고, "나는 부활이요 생명이니 죽어서 나를 믿는 자는 죽어도 살겠고 무릇 살아서 나를 믿는 자는 영원히 죽지 아니하리라"고 말씀하셨습니다. 예수님에게는 분명치 않은 것이 하나도 없었습니다. 예수님은 자신이 누구인지 분명히 알고 계셨고, 우리가 예수를 믿으면 어떻게 된다는 것을 분명히 말씀하셨습니다. 우리는 예수님을 만나야 하고 예수님을 믿어야 자기 자신을 찾을 수 있습니다.

인간은 다른 사람과 자신을 비교한다고 해서 자신을 알 수 없습니다. 우리 인간은 하나님 앞에 단독자로 서야 자신을 알 수 있습니다. 그렇지 않으면 인간은 자신의 이성과 육체 사이에서 영원토록 고민만 하다가 인생을 다 허비하게 됩니다. 우리가 하나님 앞에 섰을 때 하나님께서는 우리가 하나님이 만드신 피조물이며, 하나님을 대적하는 죄인이라는 것을 말씀하십니다. 우리가 이 세상에 사는 동안에는 빛을 보고 부귀와 명예를 누리지만 죽고 난 후에는 영원한 심판과 지옥이 있다고 말씀하십니다. 그러나 하나님이 보내신 아들을 믿는 자는 새로 태어나게 됩니다. 그들은 영혼이 살아난 새 사람이며 하나님의 말씀을 믿고 이 세상을 살아가는 사람이 됩니다. 그들은 포도나무이신 예수님에게 붙어 있는 가지가 되며, 죽어도 살고 살아서 예수를 믿는 자는 영원히 살게 됩니다.

그러면 나는 누구입니까? '하나님이 만드신 기가 막힌 피조물인데, 지금 고장이 나서 죽어 있는 피조물'인 것입니다. 예를 들어서 어떤 집에 TV나 냉장고가 있는데 고장이 난 것들이라면 없는 것보다 더 귀찮을 것입니다. 그 TV로는 아무것도 볼 수 없고 그 냉장고에는 아무 물건도 넣어서 보관하지 못할 것입니다.

우리가 지혜 있는 자가 되려면 자기가 누구인지 알아야 합니다. 우리는 천재이고 하나님의 가장 탁월한 피조물이지만, 고장 난 천재이고 고장 난 피조물입니다. 그런데 우리가 하나님이 보내신 예수를 믿으면 우리는 새 인생으로 살아나게 됩니다. 그리고 우리는 새 인생이 될 뿐만 아니라 또다시 한번 살게 되는 영생을 얻게 됩니다.

예수님은 말씀하셨습니다. "너희가 내 말에 거하면 참으로 내 제자가 되고 진리를 알지니 진리가 너희를 자유롭게 하리라"(요 8:31, 32). 우리가 이 세상에서 죄나 빚이나 음욕이나 나쁜 충동이나 강박증이나 죄에서 자유로워질 수 있는 길은 예수님의 말씀 안에 거하는 것입니다. 이 세상에서 우리 자신이나 우리의 상태와 미래에 대하여 예수님처럼 분명히 말씀하신 분이 없습니다. 그분은 하나님의 아들이고 우리를 만드신 분이기 때문입니다. 그래서 누구든지 자기를 찾은 사람은 얼굴에서 빛이 납니다. 그런데 예수를 믿는 사람 중에서 얼굴에서 빛이 나지 않고 언제나 화가 나 있는 사람은 왜 그럴까요? 그는 진리 안에 거하지 않기 때문입니다.

2. 하나님을 거역하지 않는 것이 지혜

사람의 마음에는 누구든지 양심이라는 것이 있습니다. 양심에 거슬러서 남을 때리거나 물건을 빼앗으면 양심이 편치 않습니다. 그 이유는 그것이 하나님의 뜻을 거스르는 일이기 때문입니다. 시편에서는 가장 먼저 복 있는 자는 악인의 꾀를 좇지 아니하고 죄인의 길에 서지 아니하고 오만한 자의 자리에 앉지 않는다고 했습니다.

한때 우리 사회에 '역린을 건드린다'라는 말이 유행했습니다, '역린'은 하늘을 날아다니는 용의 턱 밑에 있는 비늘을 말하는데, 왕의 노여움을 비유적으로 일컫는 것입니다. 이것은 다른 말로 하면 왕이 가장 중요하게 생각하는 것을 거슬려서 주장하는 사람은 왕이 살려두지 않을 것입니다. 왜냐하면 이 사람은 왕보다 더 잘났다고 생각하고 자기가 왕보다 더 똑똑하다고 생각하기 때문입니다.

8:2-3. "내가 권하노라 왕의 명령을 지키라 이미 하나님을 가리켜 맹세하였음이니라 왕 앞에서 물러가기를 급하게 하지 말며 악한 것을 일삼지 말라 왕은 자기가 하고자 하는 것을 다 행함이니라"

세상에서 사회생활에 실패하는 분들이 있습니다. 그런 사람 중에는 대세의 흐름을 거스르다가 실패하는 경우가 많습니다. 세상이 이미 달라졌는데 옛날 방식만 고집한다면 그는 시대의 변화를 모르는 사람일 것입니다. 가끔 보면 사회생활에 실패하는 사람이 있습니다. 그중에는 콤플렉스를 가진 사람이 많습니다. 아이들이 자랄 때 아버지가 너무 권위적이고 무서우면 그 사람은 자기 밑에 있는 사람에게는 잘 해주지만 자기 위에 있는 과장이나 부장이나 사장과는 싸우려고 한다는 것입니다. 이런 사람들에게는 자기보다 높은 사람이 아버지처럼 보이기 때문입니다. 그렇게 자기 상사에게 대들고 싸우는 사람이 성공할 수는 없습니다. 더욱이 하나님을 거슬러서 자기가 최고라고 생각하는 사람도 성공할 수 없습니다. 대개 하나님을 대적하는 사람이 독재자이고 전쟁을 일으킵니다. 이런 사람들은 모두 그 말로가 비참합니다. 지혜 있는 사람은 자신의 상사도 인간이고 어려움이 있다는 것을 잘 이해합니다.

우리는 왕을 자기 마음대로 부릴 수 없습니다. 오히려 왕의 명령을 그대로 이행하는 것이 신하들이 할 일입니다. 한때 사도 바울은 자기가 똑똑하다고 생각해서 예수 믿는 사람을 잡아서 많이 박해했습니다. 그래서 예수 믿는 자들을 더 많이 잡아오려고 다메섹으로 가다가 태양보다 더 빛난 예수님을 만나게 됩니다. 그때 예수님은 바울에게 "네가 어찌하여 나를 박해하느냐?"고 물으셨습니다. 바울이 "주여 누구십니까?"라고 물었을 때 "나는 네가 박해하는 예수라"고 하면서 "네가 뒷발로 아무리 가시채를 발로 차도 네 발만 아프고 다칠 뿐이라"고 하셨습니다(행 26:14).

우리의 왕은 하나님이십니다. 우리는 이미 예수 믿을 때 하나님의 명령에 복종하기로 맹세했습니다. 옛날에 신하는 왕 앞에서 등을 보이지 못하게 했습니다. 왕 앞에 등을 보이면 왕을 거부하는 뜻이 있기 때문입니다. 그래서 우리는 하나님 앞에서도 물러날 때 급히 물러나면 안 됩니다. 하나님께서 우리에게 하실 말씀이 더 있을지 모르기 때문입니다. 우리는 하나님의 말씀을 하나라도 더 들어야 완전한 하나님의 뜻을 이룰 수 있습니다. 왕의 명령에는 권능이 있습니다. 마찬가지로 우리가 하나님의 말씀에 순종해서 살 때 우리의 말과 행동에는 하나님의 능력이 나타나게 됩니다.

8:4, "왕의 말은 권능이 있나니 누가 그에게 이르기를 왕께서 무엇을 하시나이까 할 수 있으랴"

우리는 하나님의 명령에 무조건 순종해야지, 왜 하나님은 나에게 이런 일을 시키시며, 왜 이렇게 하라고 하시는지 따지면 안 됩니다. 왜냐하면 이것은 불신앙이기 때문입니다. 그래서 하나님의 뜻을 잘 이해하는 사람은 상사의 사정도 잘 이해하기 때문에 다투지 않고 바른 방향을 제시할 수 있게 됩니다.

3. 인생에 끝이 있다는 것을 깨닫는 지혜

지혜가 있지만 그 지혜를 가지고 나쁘게 사용하는 사람이 있습니다. 그 사람은 나쁜 지혜자이고 그 지혜로 많은 사람을 죽게 만듭니다. 우리는 지금 노벨상이라고 하면 최고의 상이라고 생각하지만, 원래 '노벨' 은 다이너마이트를 개발한 사람이었습니다. 폭탄의 원료인 나이트로글리세린은 폭발력은 대단하지만 액체로 되어있어서 사용하는 데 어려움이 많았습니다. 노벨은 나이트로글리세린을 고체에 흡수시켜서 다이너마이트를 만들었는데, 이것은 사용하는데 아주 안전했고 그것으로 떼돈을 벌었습니다. 그런데 다이너마이트로 굴을 뚫거나 공사하는 데 사용하면 좋은데, 전쟁하는 데 많이 사용했습니다. 노벨은 가족도 없었습니다. 노벨은 자기가 죽은 후에 많은 사람을 죽이는 폭탄을 만들어 돈을 번 사람이라는 악명이 남길 것을 걱정했습니다. 그래서 그는 자신의 전 재산을 바쳐서 각 학문에서 가장 뛰어난 사람들에게 상을 주는 노벨상을 만들었습니다. 그는 처음에는 돈을 위해서 지혜를 사용했지만, 나중에는 인류에게 도움이 되는 방향으로 자신의 지혜를 사용했던 것입니다.

이 세상 모든 일에는 때가 있고 또 그것을 판단 받는 시기가 있습니다. 사람들이 농사를 지어도 씨를 뿌릴 때가 있고 나중에 추수할 때가 있습니다. 그러나 게으른 농부는 알곡보다 쭉정이가 더 많아서 소득이 줄어들 것입니다. 마찬가지로 우리 인생에도 때가 있습니다. 사람은 태어나서 자라고 청년이 되고 장년이 되고 나중에는 노인이 됩니다.

그래서 어린아이는 어린아이다워야 합니다. 어린아이가 너무 어른스러운 것은 좋지 못합니다. 어린아이가 어른이 되는 데는 시간이 오래 걸립니다. 청소년 때에는 어린이도 아니고 어른도 아니지만, 자신의 정체성을 찾고 우정을 가지며 지식의 기초를 쌓을 때입니다. 사람은 미래의 모습이 만들어지는 어렸을 때나 청소년 때 하나님을 아는 것은 엄청난 복입니다. 어린이의 상상력에다 하나님의 말씀이 들어오면 한평생을 의인으로 살게 됩니다. 청년의 때에는 인생의 씨를 뿌리고 장년이 되면 그 열매를 거둡니다. 공자는 15살에 학문에 뜻을 두었고, 30살에 입지 즉 뜻을 세웠으며, 40이 불혹이었고, 50에 지천명이라고 하였습니다.

우리가 이 세상에서 다른 사람과 경쟁에서 이기려고 하면 자기만의 기술이나 아이디어를 가지고 있어야 합니다. 독일 사람들은 젊어서 성공한 사람들은 반드시 망한다고 했습니다. 그만큼 사람은 교만하기 쉽기 때문입니다. 젊어서 성공해서 세상을 우습게 알고 자기 멋대로 날뛰다가는 망하는 것입니다. 그리고 사람은 공짜를 바라지 말고 반드시 이마에 땀을 흘려서 수입을 얻어야 합니다.

그런데 이 세상 지혜에는 나쁜 지혜도 있습니다. 어떤 사람은 남을 속이는 지혜도 있고 어떤 사람은 아첨하거나 아부해서 성공하려고 하는 사람들도 있습니다.

지혜자는 모든 일에 때와 판단이 있다는 것을 안다고 했습니다. 즉 열심히 일을 할 때가 있고 물러날 때가 있으며, 해야 할 때가 있고 하지 말아야 될 때가 있다는 것입니다. 노인의 때는 자신의 전 인생을 정리하는 때입니다. 노인의 시기를 잘 보내는 것이 지혜의 완성입니다. 우리는 장래 일을 알지 못하고 죽을 날도 알지 못합니다. 그러나 내가 죽고 난 후에 다른 사람들이 나를 어떻게 말할 것인지 늘 준비하고 있어야 합니다. 우리의 시간은 어린이나 청년이나 노인이나 모두 다 똑같이 중요한 시간입니다. 노인의 시간이라도 해서 쓸모없는 시간이 아닌 것입니다.

7장 29절을 보면 "내가 깨달은 것은 오직 이것이라 곧 하나님은 사람을 정직하게 지으셨으나 사람이 많은 꾀들을 낸 것이니라"고 했습니다. 우리는 하나님의 말씀의 길을 찾아서 꾸준하게 걸어가고, 자신의 직업을 통하여 사람들에게 기여하고, 거기서 한 걸음 더 나아가서 자기가 가진 돈으로 다른 사람을 도울 수 있다면 틀림없이 열매 맺는 삶을 살 수 있습니다.

사람 중에서 자기 힘으로 바람을 불게 할 사람은 없습니다. 그러나 바람이 불 때는 풍차를 돌려야 합니다. 사람이 죽는 날을 결정할 수는 없습니다. 그러나 자신의 인생이 허무하게 죽지 않도록 늘 준비하고 있어야 합니다. 오늘이라도 하나님이 부르시면 갈 수 있어야 합니다. 하나님이 원하시는 인생을 사는 것이 열매 맺는 알찬 인생이 되는 것입니다.

19

하나님의 공의

전 8:9-17

이차대전이 일어나기 전에 독일에 '디트리히 본회퍼' 라는 신학자가 있었습니다. 그 분은 산상설교를 설교하면서 독일어로 'Nachfolge' 라는 책을 썼는데, 우리말로 번역하면 '나를 따르라' 는 뜻입니다. 그는 그 책에서 우리가 하나님의 은혜를 '값싼 은혜' 로 만들면 안 된다고 강조했습니다. 여기서 값싼 은혜라는 것은 주님의 십자가의 은혜가 누구에게나 믿는 자에게 주어진다고 해서 아무런 책임을 지지 않는 무책임한 삶을 살아서는 안 되고, 하나님의 은혜는 '너무나도 비싼 은혜' 이기 때문에 크리스천은 이 세상에서 크리스천으로서 책임을 지고 살아야 한다는 뜻이었습니다. 본회퍼는, 이차대전을 일으킨 히틀러는 미친 자이기 때문에 그의 말에 복종해서는 안 된다고 생각해서 히틀러 암살단에 가입했다가 체포되어서 독일이 패망하기 일주일 전에 교수형을 당하여 죽게 됩니다. 본회퍼가 보기에 히틀러는 너무 많은 유대인을 죽였고, 전쟁으로 많은 유럽 사람과 미군과 러시아 사람들을 죽음으로 몰아넣고 독일인까지도 죽이고 자기 권력을 누리고 있었습니다. 히틀러의 집에서는 자기가 독살당할까 봐

음식을 먼저 먹어보는 여성이 스무 명이 있었다고 합니다. 히틀러는 자신의 권력을 악용해서 유대인들을 마구 잡아서 아우슈비츠 같은 수용소에 끌고 간 후에 목욕탕같이 생긴 가스실에서 죽였습니다. 그들은 죽은 사람들이 남긴 물건을 다 빼앗고 시체는 화장장에서 태웠습니다. 그렇게 해서 죽은 유대인들이 무려 600만 명이나 되었습니다.

왜 이 세상에는 하나님의 공의가 빨리 나타나지 않을까요? 하나님의 공의는 왜 악한 자가 미친 사람처럼 자기 하고 싶은 대로 다 하고 난 후에야 나타나는 것일까요?

1. 하나님의 법칙

우리는 전도서를 통하여 이 세상에는 세 가지 법칙이 있는 것을 알 수 있습니다. 첫째는 자연의 순환 법칙입니다. 이 세상의 자연 현상은 순환 법칙의 지배를 받습니다. 즉 지구의 하루는 아침이 지나면 낮이 오고, 낮이 지나면 저녁이 오고, 밤이 오고 그다음에 다시 아침이 옵니다. 계절도 봄이 지나면 여름이 오고 여름이 지나면 가을과 겨울이 옵니다. 물은 높은 데서 낮은 데로 흘러 나중에 강이 되고 바다까지 흘러갑니다. 이것이 바로 우리가 이 세상을 살아가는 배경입니다. 우리는 이런 세상에서 연기를 하고 노래를 부르는 주인공입니다.

두 번째로 우리 인간은 성장과 노화라는 법칙의 지배를 받습니다. 사람은 누구든지 태어나면 자라게 되어 있는데, 자란 후에는 늙고, 늙은 후에는 죽게 되어 있습니다. 즉 모든 사람에게는 주어진 시간이 있다는 것입니다. 그래서 사람은 그 누구든지 때가 되면 수의 한 장 입고 관에 들어가서 땅에서 썩게 되어 있습니다. 우리가 쓰는 감투나 성공은 무대에서 배우들이 사용하는 소품과 같습니다. 어떤 배우가 소품을 많이 가지고 있다고 해서 좋은 배우가 되는 것은 아닙니다. 좋은 배우는 자신의 카리스마가 있어야 하고 자신의 연기력을 가지고 사람들에게 감동을 주어야 합니다. 감동이 없는 인생은 실패한 인생입니다.

세 번째는 우연의 법칙입니다. 사람이 이 세상을 살아가면서 생각지도 못하게 사고를 당하기도 하고, 성공하기도 하고, 또 생각지도 않은 전쟁이 일어나서 무더기로 죽기도 합니다. 사람들은 이것을 '운'이라고 말합니다. 그러나 이 예상치 못한 우연한 일은 하나님께서 우리의 삶에 직접 간섭하심으로 벌어지는 것입니다. 그래서 악한 자는 하나님의 심판을 받아 망하기도 하지만 어떤 사람은 하나님의 축복을 받아서 크게 성공하기도 하는 것입니다.

우리가 본문과 연결해서 생각해야 할 말씀이 있습니다. 그것은 바로 앞장에 나오는 7장 28절과 29절입니다. "내 마음이 계속 찾아 보았으나 아직도 찾지 못한 것이 이것이라 천 사람 가운데서 한 사람을 내가 찾았으나 이 모든 사람들 중에서 여자는 한 사람도 찾지 못하였느니라 내가 깨달은 것은 오직 이것이라 곧 하나님은 사람을 정직하게 지으셨으나 사람이 많은 꾀들을 낸 것이니라"

우리가 이 말씀을 잘못 이해하면, 솔로몬이 사람 중에서 의로운 사람을 계속 찾아보았는데 남자 천 명 중에 한 명 정도 의로운 사람이 있을까 말까 하다는 것입니다. 그러나 여자는 천 명을 뒤져보아도 의로운 사람이 한 명도 없더라는 것입니다. 우리가 이 말만 들어보면 여성이 남자보다 더 악하다고 생각하기 쉽습니다. 이 세상에서 모든 나쁜 짓들은 남자들이 다 하는데 그 책임을 여자에게 돌린다고 생각하기 쉽습니다.

그러나 이 말의 본래의 뜻은 남자나 여자라고 해서 의롭거나 악한데 차이가 있다는 것이 아닙니다. 오히려 여성이 더 연약하고 바르게 살려는 사람이 많을 것입니다. 그러나 여기서 전도자가 말하려는 뜻은 우리 인간의 책임에 대한 것입니다. 즉 악이 뒤덮고 있는 이 세상에서 남자와 여자가 아름답고 축복된 삶을 살 수 있는 비결을 말하는 것입니다.

지혜자가 이스라엘 백성을 찾아보니까 천 명에 한 명 정도는 하나님의 말씀을 사랑하고 하나님의 불을 가슴에 품고 있는 사람이 있을 수 있다는 것입니다. 이런 사람이 세상의 악을 좇아가지 아니하고 죽자고 하나님의 말씀을 붙들면 부흥의 불이 일어나게 되는 것입니다. 솔로몬도 마음속에는 하나님의 말씀이 있고 하나님의 불이 있는 사람이었습니다. 그러나 솔로몬은 세상의 부와 명성과 쾌락을 누리는 것에 아까운 시간을 다 허비해버리므로 이 불을 피우지 못했습니다. 그러나 여자 중에는 불을 가진 자가 없다는 것입니다. 그 대신 여자는 불을 붙이면 타오를 수 있는 나무이고 기름이라는 것입니다. 그래서 누군가가 용감하게 목숨을 걸고 하나님의 말씀을 외치고 부르짖으면 여성이 그 말씀에 은혜를 받아서 부흥의 불을 일으키게 된다는 것입니다.

모세의 어머니도 자신은 불을 일으킬 수 없었지만, 모세를 낳아서 바로의 명령대로 강에 던져 죽이지 않고 갈대상자에 넣어서 바로의 공주의 양자가 되게 했습니다. 결국 모세는 부흥의 불을 일으켜서 이스라엘 백성을 애굽에서 건져내어 하나님의 백성이 되게 했던 것입니다. 사무엘의 어머니 한나도 아이를 낳지 못해서 다른 부인 브닌나로부터 많은 학대를 받았지만, 기도로 사무엘을 낳아서 성전에 바침으로 사무엘은 이스라엘에 대부흥을 일으키는 선지자가 되었습니다. 세례 요한의 어머니 엘리사벳도 늙도록 아이를 낳지 못했지만 남편 사가랴에게 나타난 천사의 말을 믿고 임신해서 세례 요한을 낳았는데, 그는 예수님의 선구자로 요단강에서 놀라운 하나님의 말씀을 외치는 예언자가 되었던 것입니다.

그래서 우리가 이 세상에서 해야 할 일은 한 명이라도 하나님의 말씀에 미쳐서 불을 일으키면 많은 사람이 그 말씀을 듣고 하나님께 돌아와서 대부흥이 일어나게 됩니다. 그런데 그 한 사람이 바로 고난당하고 아이를 낳지 못해서 무시당하던 여인이 낳은 아이입니다. 그래서 우리는 결코 길지 않은 이 세상을 살면서 바로 말씀에 헌신해서 부흥의 불을 일으켜야 합니다.

그리고 또 하나는 하나님께서 모든 것을 아름답고 선하게 만드셨지만, 하나님으로부터 멀어질수록 사람이나 피조물은 악해진다는 것입니다. 사탄도 처음에는 아름답게 만들어진 천사였습니다. 그러나 하나님으로부터 멀어지면서 하나님과 원수가 되었고 인간을 타락시켜서 멸망하게 만든 원흉이 되었습니다. 짐승도 하나님으로부터 멀어지면서 사람을 물게 되었고, 맹수도 하나님으로부터 멀어지면서 사납게 되었고, 사람도 하나님에게서 멀어지면서 악하게 된 것입니다.

2. 악인이 속히 망하지 않음

우리가 이 세상을 살면서 보면, 착하고 성실한 사람들이 성공하고 잘 사는 경우도 많이 있지만, 악하고 부정한 방법을 쓰는 사람들이 정권을 잡거나 성공하는 경우가 많습니다. 하나님이 이 세상을 다스리신다고 생각하지만 악한 자들이 금방 망하지 않고 끝까지 잘 살 때가 많습니다. 이것을 보고 믿음이 약한 자들은 아무리 하나님을 잘 믿어봐야 소용이 없다고 생각해서 하나님을 버리고 세상을 따라가기도 합니다. 만약 하나님께서 이 세상에서 악을 행하는 자들을 악을 행할 때마다 심판하시고 수치를 당하게 하신다면 하나님이 무서워서 감히 죄를 짓지 못할 것입니다.

그런데 확실히 사람들이 죄를 지을 때 하나님의 눈을 무서워하기보다는 사람의 눈을 무서워할 때가 많습니다. 요즘은 사람의 눈이 무서운 것이 아니라 CCTV가 더 무서울 때가 많습니다. 아무도 보는 사람이 없는 줄 알고 약한 사람을 때리고 강도질을 하고 여성을 추행하지만, 카메라는 그들의 행동을 다 보고 찍고 있는 것입니다.

그런데 하나님의 백성이 하나님의 공의를 의심할 때가 바로 이것입니다.

8:11, "악한 일에 관한 징벌이 속히 실행되지 아니하므로 인생들이 악을 행하는 데에 마음이 담대하도다"

하나님은 세상에서 일어나는 모든 일을 다 보고 다 알고 계시지만, 악한 자들이 나쁜 짓을 할 때마다 바로 응징하신다면 하나님이 무서워서 죄를 짓지 못할 것입니다. 그런데 하나님은 인간이 죄를 짓는 것을 아시면서도 금방 심판하지 아니하시니까 인간은 하나님이 없다고 말하면서 대담하게 죄를 짓고 있다는 것입니다. 하나님은 확실히 악한 자들에게도 관대하신 것이 사실입니다.

그러면 왜 하나님께서는 악한 자들을 그때그때 심판하시지 않고 천천히 아주 천천히 응징하실까요?

우선 하나님은 악한 자들을 통하여 우리 믿는 자들의 믿음을 연단하시는 것입니다. 요셉 같은 경우에는 죄를 짓지도 않았는데 형들의 시기와 여주인의 거짓말로 노예가 되고 감옥에 오래 갇히게 됩니다. 그러나 그는 하나님의 뜻을 믿고 잘 참았습니다. 그래서 나중에 바로의 꿈을 해석해서 총리가 되어 많은 사람을 굶주림에서 해방하게 했습니다. 다윗도 골리앗을 죽인 후 성공하는 것 같았지만 사울 왕의 시기를 받아서 죽도록 도망을 다녔습니다. 그러나 나중에 다윗은 참으로 하나님께 충성된 좋은 왕이 되었습니다.

그뿐만 아니라 하나님은 악한 자도 인간이기 때문에 회개하기를 원하십니다. 그래서 예수님은 가룟 유다가 배신할 줄을 알고도 끝까지 참으셨습니다. 예수 믿는 사람들을 잡아 가두던 사울이라는 청년도 하나님이 오래 기다렸기 때문에 결국 예수님을 만나게 되고 탁월한 사도요 복음 전도자가 되었습니다. 존 번연도 젊었을 때는 하나님이 싫어하는 짓을 골라서 했지만, 나중에 회개한 후 감옥에 갇혀서 《천로역정》이라는 명작을 쓰게 됩니다. 하나님이 우리에 대해서 오래 참지 아니하셨더라면 우리는 모두 벌써 지옥의 자식이 되었을 것입니다.

그리고 하나님은 악한 자를 쓰레기로 생각하기 때문에 금방 치우지 않고 모아서 버리시는 것입니다. 우리가 집에서 식사하는 그릇은 밥을 먹자마자 설거지를 해서 언제나 음식을 담아 먹을 수 있도록 깨끗하게 합니다. 그러나 밖에 버릴 쓰레기들은 그때그때 처리하는 것이 아니라 쓰레기통 안에 넣어서 통이 다 찰 때까지 기다렸다가 한꺼번에 버립니다.

그래서 때로는 세상이 뒤바뀐 것처럼 보일 때가 있습니다.

8:14. "세상에서 행해지는 헛된 일이 있나니 곧 악인들의 행위에 따라 벌을 받는 의인들도 있고 의인들의 행위에 따라 상을 받는 악인들도 있다는 것이라 내가 이르노니 이것도 헛되도다"

사람들은 어떤 사람은 의롭다고 해서 상을 주고, 어떤 사람은 죄를 지었다고 해서 심판을 하는데, 알고 보니까 엉터리로 상을 주고 엉터리로 재판을 했다는 것입니다. 미국의 어떤 흑인이 백인 여자를 강간한 혐의로 무기징역을 받아 감옥에서 23년이 지난 후에야 유전자 검사를 해 보니까 이 사람이 범인이 아니었던 것입니다. 그래서 그 사람은 감옥에서 풀려났지만 23년이라는 시간은 도로 찾을 길이 없었습니다. 하나님께서는 인간을 로봇으로 만든 것이 아니라 인격적인 존재로 만드셨으므로 잘못을 해도 바로 심판하지 않고 오랫동안 두고 보십니다. 그러다가 도저히 그냥 두면 안 되는 선을 넘게 되면 쇠뭉치로 내리치셔서 완전히 멸망시키시는 것입니다.

3. 하나님의 공의

하나님께서 이 세상을 다스리고 계신다면 착하고 선한 사람이 잘 되고 악하고 못된 자들이 망하는 것은 당연할 것입니다. 그렇지만 하나님께서 세상을 마치 내버려두시는 것처럼 보일 때가 많습니다. 그 이유는 하나님의 공의보다 더 중요한 것이 있기 때문입니다. 그것은 바로 하나님의 백성이 하나님 앞에서 자신의 연약함을 깨닫고 기도하며 말씀을 붙들어서 부흥이 일어나는 것입니다. 그러므로 하나님의 백성 가운데서 뜨거운 말씀이 살아나면 이미 악인들은 심판을 받은 것과 같습니다. 하나님의 백성 가운데 일어나는 부흥의 불보다 더 강력하고 아름다운 것이 없기 때문입니다.

8:10. "그런 후에 내가 본즉 악인들은 장사지낸 바 되어 거룩한 곳을 떠나 그들이 그렇게 행한 성읍 안에서 잊어버린 바 되었으니 이것도 헛되도다"

악인들이 이 세상에 살 때는 자신의 권세를 가지고 다른 사람들을 지배하고 자기 마음대로 떵떵거리면서 살았습니다. 그러나 악인들의 행동은 눈살을 찌푸리게 하는 것이지, 결코 감동을 주는 것이 아닙니다.

8:12-13. "죄인은 백 번이나 악을 행하고도 장수하거니와 또한 내가 아노니 하나님을 경외하여 그를 경외하는 자들은 잘 될 것이요 악인은 잘 되지 못하며 장수하지 못하고 그 날이 그림자와 같으리니 이는 하나님을 경외하지 아니함이니라"

우리는 사람의 가치를 외모를 보고 판단해서는 안 됩니다. 왜냐하면 악인이라도 오래 잘 사는 사람이 있고, 의로운 자라도 젊었을 때 병으로 죽는 사람이 있기 때문입니다. 그 대신 사람의 가치는 그의 양심이 깨끗한 것을 두고 판단해야 합니다. 양심이 깨끗함을 받은 사람은 오래 살든지 일찍 죽든지 사람들의 마음속에 남아 있습니다. 그러나 악을 행하는 자는 아무리 오래 살아도 사람의 눈에는 비참하고 구질구질하며 그림자와 같이 기억에서 빨리 사라지게 되는 것입니다.

8:15, "이에 내가 희락을 찬양하노니 이는 사람이 먹고 마시고 즐거워하는 것보다 더 나은 것이 해 아래에는 없음이라 하나님이 사람을 해 아래에서 살게 하신 날 동안 수고하는 일 중에 그러한 일이 그와 함께 있을 것이니라"

사람들은 내일 일을 모르기 때문에 걱정합니다. 그리고 이 세상에서 환란과 고통이 계속되기 때문에 먹고 마시고 즐겁게 살 수 없습니다. 그러나 우리가 환란과 고통 중에서 모든 것을 하나님께 맡기고 난 후 마음에 평안을 얻으면 마음이 가벼워지면서 먹고 마시며 기뻐할 수 있습니다. 우리는 억울하고 어려운 일들 가운데서도 하나님을 믿어야 합니다.

8:17, "또 내가 하나님의 모든 행사를 살펴 보니 해 아래에서 행해지는 일을 사람이 능히 알아낼 수 없도다 사람이 아무리 애써 알아보려고 할지라도 능히 알지 못하나니 비록 지혜자가 아노라 할지라도 능히 알아내지 못하리로다"

우리는 이 세상에서 일어나는 일을 다 알 수 없습니다. 다른 사람은 고사하고 자기에게 일어날 일도 알지 못합니다. 때때로 우리는 아무리 길을 찾아도 길이 보이지 않을 때가 있습니다. 이때 우리는 하나님을 사랑하는 자는 모든 것이 합력하여 선을 이루게 된다는 말씀을 믿어야 합니다. 그리고 우리에게 부흥이 일어나면 전쟁도 일어나지 못할 것이고 병도 많이 치료되며 자녀들이 축복받을 줄 믿으시기 바랍니다.

20

산 자의 유익

전 9:1-10

옛날 저희들이 어렸을 때 프랑스 배우 '알랭 드롱'이라고 하면 너무나도 잘생긴 외모 때문에 우리나라 여성들로부터 엄청난 인기를 끌었던 배우였습니다. 그가 출연한 〈태양은 가득히〉라는 영화에서 웃통을 벗고 요트를 조정하는 모습은 사람들의 마음속에 영원히 남아 있을 것입니다. 그런데 그는 몇 년 전에 노인이 되어서 우리나라에 왔습니다. 사람들은 그에게 몰려가서 우리는 아직도 〈태양이 가득히〉라는 영화를 기억하고 있다고 하니까, 그는 이상한 표정을 지으면서 "그것은 아주 오래전의 영화인데"라고 했습니다. 그 영화가 그에게는 그렇게 중요한 영화가 아니라는 뜻이었습니다. 그런데 얼마 전에 그는 현재 스위스에 있는데 안락사를 하려고 한다고 발표했습니다. 안락사라는 것은 의사와 약속해서 정해진 시간에 독극물을 주사해서 자기 스스로 죽는 것을 말합니다. 한때 그렇게 잘생겼던 배우도 이제는 늙어서 자기 스스로 죽으려 하고 있다는 것입니다.

우리나라의 자살률은 OECD 국가 중에서 일등입니다. 우리나라는 한 시간마다 40명 이상씩 자살하고 있습니다. 이런 것을 보면 왜 우리나라는 살기를 그렇게 싫어하는 사람들이 이렇게 많은가 생각하게 됩니다. 젊은이나 사업가나 학자나 공무원이나 자살을 그렇게 많이 하는 이유는 자신의 미래에는 아무 소망이 없다고 생각하기 때문입니다.

솔로몬은 이 세상에서 사람들이 사는 모습을 자세히 연구해본 결과 "모든 것이 헛되고, 헛되고, 헛되도다"라고 결론을 내리고 있습니다. 솔로몬이 모든 인생이 헛되다고 말하는 이유는 똑똑한 자나 미련한 자나 부자나 가난한 자나 모두 다 똑같이 죽음이 찾아오기 때문입니다. 이어령씨 같이 공부를 많이 하고 똑똑해도 죽음이 찾아오고, 폐지를 주우면서 사는 사람에게도 죽음이 찾아오니까 공부를 한 것이나 하지 않은 것이나 한때는 엄청난 차이가 나는 것처럼 보이지만 결국 죽고 나면 아무런 차이가 없다는 것입니다.

그런데 솔로몬은 전도서 9장에서, 지금까지 한 말과 완전히 반대되는 말을 하고 있습니다. 그것은 세상에서 성공하고 유명해지는 것이 헛된 것은 사실이지만, 그래도 살아 있는 사람이 죽은 자보다 낫다는 것입니다. 그러면서 그는 유명한 예를 드는데, "살아 있는 개가 죽은 사자보다 낫다"는 것입니다. 우리에게 이 말보다 더 실감이 나는 말은 없을 것입니다. 사자는 동물의 왕입니다. 사자가 한번 울부짖으면 모든 동물은 도망치고 사자가 잡아먹으려고 덤벼들면 대개 약한 짐승은 다 잡아먹힙니다. 그러나 그렇게 대단한 사자도 죽으면 아무것도 아닙니다. 죽은 사자의 사체는 하이에나나 들개가 와서 뜯어 먹을 것이고, 죽은 사자는 할 수 있는 것이 아무것도 없을 것입니다. 거기에 비해 개는 주인의 발에 차이기도 하고 잘못하면 주인으로부터 두들겨 맞는 하찮은 존재입니다. 그러나 이런 개도 살아 있으면 밤에 도둑이 들면 짖어대기도 하고 불이 났을 때 주인의 목숨을 구해주기도 합니다.

솔로몬은 전도서를 시작하면서 이 세상에 사는 것이 헛되고, 헛되

고, 헛되다고 말했는데 왜 갑자기 9장에 와서 산 자가 죽은 자보다 훨씬 낫다고 말을 하고 있을까요?

1. 살아 있는 사람의 유익한 점

사람이 살아 있을 때는 하나님께서 워낙 사람을 잘 만드셨기 때문에 거의 천재나 신과 같은 재능이나 권위를 가지고 있습니다. 그리고 권력을 가진 사람이 한마디 명령을 내리면 나라 전체가 그 사람의 명령에 따라 움직이게 됩니다. 공부를 많이 한 노 교수가 텔레비전에 나와서 자신의 지식과 경험을 이야기하면 그것을 듣는 사람은 다른 어떤 사람이 하는 말보다 많은 감동을 느끼게 될 것입니다. 그러나 아무리 재능이 있고 천재적이라 하더라도 그 사람이 죽어버리면 아무것도 할 수 없습니다. 아무리 유명한 교수라 해도 죽으면 그냥 하나의 시체에 불과한 것입니다. 일단 사람이 죽으면 표정이 없습니다. 그래서 누구든지 죽은 사람의 얼굴은 무섭습니다. 그리고 손이나 다리를 만져보면 그렇게 차가울 수가 없습니다. 그리고 조금 지나면 땅에 묻히게 되는데 그 후에는 다시 그 사람을 볼 수 없습니다.

그런데 만일 우리가 살아 있으면 하나님이 만드신 위대한 창조물을 감상할 수 있습니다. 푸른 하늘도 볼 수 있고 높은 산에도 올라갈 수 있고 꽃도 볼 수 있고 별도 볼 수 있고 새들이 노래하는 소리도 들을 수 있습니다. 요즘 우리나라에 안타까운 소식은 꿀벌들이 남쪽에서 칠십억 마리가 없어졌다는 것입니다. 양봉하는 사람들은 날씨가 추워지면 꿀벌에게 설탕물을 먹이고 잠을 재우는데 벌들을 깨우려고 뚜껑을 열어보니까 벌들이 하나도 없이 사라졌다는 것입니다. 벌들이 없어지면 과일이나 곡식들이 수정이 되지 않는 심각한 문제가 생기게 됩니다.

또 우리가 살아 있으면 이 몸을 사용해서 좋은 일을 할 수 있습니다. 어떤 사람은 목수 일을 배워서 집을 짓기도 하고, 음악을 배워서 연주하기도 하고, 할머니는 손주를 업고 돌보아주기도 하십니다. 천사들이 우리 인간에게 가장 부러워하는 것은 우리가 몸을 가지고 있다는 것입니다. 우리 인간은 몸이 있어서 서로 안아줄 수 있습니다. 몸이 있으므로 아주 다양한 표정을 지을 수 있고 웃을 수 있고 울 수도 있습니다. 또 말을 해서 자기 사상을 다른 사람에게 전할 수도 있습니다. 그러나 사람이 죽으면 이 몸을 사용할 수 없습니다.

특히 우리 인간은 살아 있기 때문에 다른 사람을 사랑할 수 있습니다. 청년 남녀는 살아 있으므로 서로 사랑할 수 있습니다. 부모는 자녀들을 사랑할 수 있고, 자녀들은 부모님을 사랑할 수 있습니다. 우리가 몸이 없으면 서로 사랑할 수 없습니다. 물론 미워할 수도 없습니다.

그러나 살아 있기는 하지만 다른 사람을 괴롭히고 미워하는 사람도 있고, 죽이는 사람도 있고, 나쁜 짓을 하는 사람들도 많이 있습니다. 솔로몬은 사람이 다 똑같이 사는데 왜 이런 차이가 있는지 살펴보니까, 사람이 누구의 손에 잡히느냐에 따라서 마귀 같은 사람이 될 수도 있고, 천사 같은 사람이 될 수도 있다는 사실을 깨닫게 되었습니다.

9:1, "이 모든 것을 내가 마음에 두고 이 모든 것을 살펴 본즉 의인들이나 지혜자들이나 그들의 행위나 모두 다 하나님의 손 안에 있으니 사랑을 받을는지 미움을 받을는지 사람이 알지 못하는 것은 모두 그들의 미래의 일들임이니라"

어떤 사람은 확실히 살아 있지만 죽은 사람보다 못한 사람도 있습니다. 매일 술을 마시고 행패나 부리고 부인이나 아이를 두들겨 패는 사람은 살아 있지만 죽은 자보다 못한 사람입니다. 사람은 지혜가 하나님의 지혜에 가까울 수도 있지만, 마귀나 짐승보다 더 악할 수도 있습니다. 사람은 천사일 수도 있고 악마일 수도 있다는 것입니다. 그 차이는 바로 하나님의 손에 붙들리느냐, 아니면 마귀의 손에 붙들리느냐 하는 것입니다.

우리나라의 장기려 박사 같은 분은 하나님의 손에 붙들렸기 때문에 가난한 많은 사람의 병을 무료로 고쳐주었습니다. 그러나 어떤 목사는 마귀의 손에 붙들렸기 때문에 엄청난 교회를 자기 것으로 만들려고 하고, 자기 자식 때문에 실형을 받기도 했습니다. 그래서 사도 바울은 자신은 다 이루었다고 생각하지 않고 주님에게 더 붙들리기 위하여 오직 푯대를 향하여 달려간다고 했습니다. 아직 우리에게는 미래가 남아 있습니다. 내가 하나님의 손에 붙들리지 않고 내 멋대로 좋은 일을 하고 내 멋대로 살 때는 모든 사람에게 똑같이 찾아오는 죽음에 의해 좋은 일이나 나쁜 일이나 다 똑같아지고 마는 것입니다.

9:2, "모든 사람에게 임하는 그 모든 것이 일반이라 의인과 악인, 선한 자와 깨끗한 자와 깨끗하지 아니한 자, 제사를 드리는 자와 제사를 드리지 아니하는 자에게 일어나는 일들이 모두 일반이니 선인과 죄인, 맹세하는 자와 맹세하기를 무서워하는 자가 일반이로다"

하나님의 손에 붙들리지 아니하면, 아무리 깨끗하거나 깨끗하지 않은 자나 심지어는 예배드리거나 드리지 않는 자가 다 마찬가지로 악한 것만 남게 된다고 했습니다. 우리는 하나님의 손에 붙잡히기 위하여 말씀을 들어야 하고 연단을 받아야 합니다. 모세는 하나님의 손에 붙들리기 위하여 40년 동안 연단을 받았습니다. 그리고 그의 지팡이에서는 하나님의 기적이 나타났습니다.

2. 인간이 가진 병

어렸을 때부터 선천적인 병을 가지고 태어나는 사람도 있지만 자라면서 사고를 당해서 장애를 가지게 된 사람도 많이 있습니다. 어떤 여자는 태어났을 때 딸이라고 해서 술에 취한 아버지가 갓난아기를 방바닥에 던지는 바람에 한평생 척추 장애인으로 살아야만 했습니다. 그러나 그 여인은 아프리카에 가서 너무나도 성공적으로 선교 사역을 하였고, 미국에서 석사 학위까지 받았습니다. 또 저희 교회에 모태에서부터 심장병을 앓았던 아이가 있었는데 키가 자라지 않았습니다. 그녀가 봉사활동을 했다고 해서 시장에게 상을 받게 되었는데, 시장은 그 자매가 대학생인 줄 모르고 "너 같은 꼬마도 봉사를 했니?"라고 하면서 상을 주었다고 합니다. 그러나 그 자매는 나중에 자기가 다닌 대학에서 전체 1등으로 졸업했습니다.

같은 인생을 사는데 어떻게 해서 어떤 사람은 아름답게 사는데, 어떤 사람은 악하게 살까요? 그것은 우리 인간에게는 선천적인 병이 있기 때문입니다. 이 병이 치료되지 않으면 인간은 아무리 의롭게 살려고 해도 악하고 이기적으로 살 수밖에 없습니다.

9:3, "모든 사람의 결국은 일반이라 이것은 해 아래에서 행해지는 모든 일 중의 악한 것이니 곧 인생의 마음에는 악이 가득하여 그들의 평생에 미친 마음을 품고 있다가 후에는 죽은 자들에게로 돌아가는 것이라"

솔로몬이 인간의 문제를 깊이 연구해보니까 인간에게는 두 가지 병이 있는 것을 알게 되었습니다. 이 병이 치료되지 않는 한 인간은 가망이 없었습니다. 하나는 마음속에 악이 가득한 것이고, 다른 하나는 나이가 들수록 미친다는 것이었습니다. 사람의 마음은 마치 시궁창과 같아서 시커멓고 더러운 물이 계속 솟아납니다. 그리고 인간은 정욕에 미치고 시기심에 미치고 분노에 미치는 것입니다. 예수님이 오신 목적은 이 시궁창을 막고 깨끗한 새 마음을 주시기 위해서입니다.

예수님은 사람들을 초청하셨습니다. "누구든지 목마르거든 내게로 와서 마시라. 나를 믿는 자는 성경에 이름과 같이 그 배에서 생수의 강이 흘러나오리라"고 했습니다. 여기서 '배'라는 것은 우리 마음을 말하는 것입니다. 예수님을 믿으면 이 악하고 미친 마음이 치료받게 되는데, 그 마음속에서 영원히 성령의 새 마음이 솟아나게 됩니다. 이런 사람들이 결국 천국을 상급으로 받게 되는 것입니다. 우리 모든 인간의 고민은 어떻게 하면 깨끗하게 살 수 있느냐 하는 것입니다. 그러나 인간은 예수님을 믿지 않는 이상 깨끗하게 살 수 없습니다. 예수를 믿으면 옛사람은 십자가 위에서 예수님과 함께 장사 지낸 바 되고 새 사람으로 살아나게 됩니다.

성경을 보면 막달라 마리아는 일곱 귀신이 들려서 두통과 불면증, 히스테리나 모든 나쁜 정신병에 걸려 있었지만, 예수님을 만나서 말씀을 듣는 가운데 깨끗하게 다 치료되고 아름다운 여성이 되었습니다. 예수님이 만났던 군대 귀신 들린 사람은 미쳐서 소리를 지르고 사람들을 공격하며 자기 몸도 돌로 때려서 상하게 했지만, 예수님을 만나니까 깨끗한 정신을 가진 새 사람이 되었습니다. 그래서 우리는 예수를 믿는 한 절대로 미치지 않습니다. 그리고 악한 생각이 들 때도 있지만 얼마든지 그 악한 마음을 씻을 수 있습니다.

3. 길을 찾은 사람

얼마 전에 바로 위의 형이 자신이 하던 일을 다 정리하고 여기저기 돌아보기를 원하는데, 현풍에 있는 도동서원에 가고 싶다고 했습니다. 도동서원은 조선시대 성리학자 김굉필 선생의 학문과 덕행을 추모하기 위해 세워진 서원입니다. 이 김굉필이라는 분은 우리 16대 할아버지인데, 이 분은 소학을 철저하게 가르치셨습니다. 그분은 건방지게 예의도 모르는 놈들이 대학이나 사서삼경을 배우고 잘난 체하는 것은 꼴 보기 싫다고 해서 소학을 가르치셨다고 합니다. 그래서 그 후손인 저는 웨스트민스터 소요리문답 해설서를 썼는데, 웨스트민스터 소요리문답은 어린이용이고 내용이 아주 간결하면서도 오랫동안 교회에서 사랑받은 신앙 고백서입니다.

우리가 어느 곳에 가려고 하면 길을 잘 찾아야 합니다. 학문으로 성공하려고 해도 지도 교수를 잘 만나야 하고, 피아노로 성공하려고 해도 선생님을 잘 만나야 합니다. 신앙적으로 헛다리를 짚지 않으려면 좋은 목사를 만나야 합니다. 인간은 마치 백지상태와 같아서 좋은 선생을 만나지 않으면 절대로 인생의 좋은 그림을 그릴 수 없습니다.

어떤 문학을 하는 사람이 자기가 쓴 글을 유명한 선생에게 보여주었습니다. 그랬더니 그 선생은 '너의 글은 너무 가볍다' 고 평가하는 바람에 그는 아무래도 무게 있는 글을 쓸 자신이 없어서 자살하고 말았습니다. 그 책 이름이 '무게의 강요' 입니다. 그 사람은 자기 나름대로 글을 쓰면 되는데 너무 대가를 따라가려고 하는 바람에 좌절을 한 것입니다.

그러나 예수님은 우리가 하나님께 가는 길을 가르쳐주셨습니다. 예수님은 제자들에게 "내가 곧 길이요 진리요 생명이라" 고 하셨습니다. 예수님은 우리에게 길을 가르쳐주셨습니다. 그것이 무엇입니까? 좁은 문으로 들어가라는 것입니다. 좁은 문은 오래되어서 녹이 슬었고 거의 다 부서졌으며 큰길에서는 보이지도 않습니다. 거기에는 풀이 무성하게 자랐고 가시나무가 많기 때문에 찾기가 어렵습니다. 그리고 설사 그 좁은 문으로 들어가도 계속 길이 좁기 때문에 고개를 숙이고 가시에 찔려가면서 느리게 느리게 가야 합니다. 그러나 넓은 길은 찾기도 쉽고 많은 사람이 가기 때문에 무조건 따라가고 보지만 나중에는 길이 끊어지고 절벽이 나타나게 됩니다. 좁은 문은 아브라함이 걸었고 예수님이 걸었으며 사도 바울이 걸었던 길입니다. 이 길은 처음에는 고생과 환란이 있지만 진리를 향해 직행하는 길입니다.

> 9:7. "너는 가서 기쁨으로 네 음식물을 먹고 즐거운 마음으로 네 포도주를 마실지어다 이는 하나님이 네가 하는 일들을 벌써 기쁘게 받으셨음이니라"

좁은 문으로 들어가려면 하나님의 말씀 속에 있는 길을 따라가야 합니다. 우리가 하나님의 말씀을 가지고 이 세상에 살려고 하면 도저히 살 수 없을 것 같은 때가 많습니다. 그러나 하나님을 믿고 걸어가면 홍해가 갈라지고 광야의 반석에서 생수가 터져 나오게 됩니다. 독사에게 물려도 십자가로 그 독을 다 치료해서 살게 해 줍니다. 우리가 길을 찾기 전에는 불안하고 망한 것 같지만 그 길은 하나님의 보물창고로 가는 직선코스입니다. 그래서 우리는 결국 기쁨으로 음식물을 먹고 포도주를 마시며 귀한 보물을 다 차지하게 됩니다. 왜냐하면 그 길은 하나님이 기뻐하시는 길이고 하나님이 인정하시는 길이기 때문입니다.

지금 우리는 모두 살아 있습니다. 우리는 살아 있는 것이 죽은 것보다 낫습니다. 우리의 생명으로 진리를 찾고 좁은 길을 가는 성도들이 다 되시기 바랍니다.

21

생명을 살리는 지혜

전 9:11-18

얼마 전에 서울에 있는 어떤 목사님과 전화 통화한 적이 있습니다. 이분은 명문대 성악과를 나오고 대한항공에서 기내사무장을 했는데 하나님의 부르심이 있어서 목사가 되셨습니다. 이분은 목회하면서 심장병을 얻어서 수술을 받았는데 팔에 있는 혈관을 떼어서 심장에 연결했다고 합니다. 저희 교회 장로님도 두 분이나 심장 수술을 받았는데 다리 종아리나 허벅지에 있는 혈관을 떼어서 심장 혈관에 연결해서 수술했다는데, 저는 그 말을 듣고 정말 의사의 지혜가 대단하다고 생각했습니다.

얼마 전에는 어떤 분이 심장에 병이 들어서 돼지의 심장을 이식받았는데, 안타깝게도 며칠 살지 못하고 돌아가셨습니다. 아무리 돼지의 심장이 인간의 심장과 비슷하게 생겼다 하더라도 아직까지는 돼지의 심장으로 인간의 심장을 대신하기 어려운 것 같습니다. 이와 같이 어떤 지혜로는 사람의 생명을 살리기도 하지만, 어떤 지혜로는 아직도 부족해서 사람의 생명을 살리지 못하는 경우도 있는 것입니다.

그래서 우리는 이 세상에 두 가지 종류의 지혜가 있다는 사실을 알게 됩니다. 하나는 자기가 똑똑해서 일도 잘해서 좋은 직장을 가지고, 공부도 잘해서 좋은 학교에 들어가는 지혜가 있습니다. 이런 지혜는 자기는 성공하지만 자신이나 다른 사람의 생명은 살리지 못하고 굉장히 교만하고 잘난 체하는 것이 특징입니다. 거기에 반하여 또 다른 지혜는 실전에서 자기 생명도 살리고 다른 사람들의 생명도 살리는 지혜입니다. 이런 지혜는 그야말로 예술적인 지혜이고, 인간 심리를 꿰뚫어 보는 지혜입니다.

1. 사람의 기대와 다른 결과

어떤 학생이 공부를 잘해서 늘 전교 일등을 한다면 선생님과 다른 학생들은 그가 입학시험에서도 최고의 성적을 거둘 것이라고 기대할 것입니다. 또 어떤 피아니스트가 줄리어드 같은 좋은 음대를 나오고 평소에도 아주 유명한 사람이라면 그의 연주회는 크게 성공할 것이라고 기대합니다. 그런데 사실 그렇게 되지 않을 때도 많습니다. 공부 잘하는 학생이 이상하게 그날에는 실수를 많이 해서 시험에 떨어지는 경우도 있고, 유명한 피아니스트도 연습량이 부족해서 연주회를 망칠 때도 있는 것입니다.

어떤 사람은 평소에 작은 경기에서는 잘하는데 큰 시합에만 나가면 너무 긴장하는 바람에 시합을 망치는 사람도 있습니다. 그래서 운동선수 같은 경우에는 유명하게 되면 인기가 엄청나지만 이미 몸의 기력이 떨어져서 사람들의 기대를 따라가지 못할 때가 종종 있습니다. 이때 선수들은 약물의 유혹을 받게 됩니다.

9:11. "내가 다시 해 아래에서 보니 빠른 경주자들이라고 선착하는 것이 아니며 용사들이라고 전쟁에 승리하는 것이 아니며 지혜자들이라고 음식물을 얻

는 것도 아니며 명철자들이라고 재물을 얻는 것도 아니며 지식인들이라고 은총을 입는 것이 아니니 이는 시기와 기회는 그들 모두에게 임함이니라"

본문에서 전도자는 일반 사람들이 가지고 있는 상식과 정반대되는 이야기들을 하고 있습니다. 우리가 생각하기에는 이것이 당연한 것들이고 또 이렇게 될 때도 많은데, 지혜자는 꼭 그런 것은 아니라고 강조하고 있습니다. 예를 들어서 어떤 달리기 선수가 달리기를 아주 잘한다고 해서 꼭 일등을 하거나 금메달을 따는 것은 아니라는 것입니다. 그 이유는 운동선수들은 실력도 실력이지만 컨디션의 영향을 많이 받기 때문입니다. 그래서 운동선수는 기술이나 힘도 좋아야 하지만, 컨디션 조절을 잘해야 합니다.

이것은 용사들도 마찬가지입니다. 용사가 많은 군내가 전쟁에서 이기는 것은 당연합니다. 그러나 아무리 뛰어난 용사라 하더라도 지휘관이 무능하면 혼자서 아무리 잘 싸워도 전쟁에서는 패배하게 되는 것입니다. 그뿐만 아니라 전쟁은 용기 말고도 자연이나 환경에 좌우되기도 합니다. 그래서 전쟁에서 이기기 위해서는 용기도 있어야 하고 자신감도 있어야 하지만, 반드시 기도해서 하나님의 도움을 받아야 합니다. 하나님이 도와주시지 않으면 절대로 전쟁에서 이길 수 없습니다.

지혜자들이 있습니다. 그들은 아는 것이 많습니다. 그러나 지혜가 많다고 해서 반드시 음식물을 얻는 것은 아닙니다. 지혜 중에는 나쁜 지혜도 많이 있기 때문입니다. 이런 사람은 순발력이 있고 반짝이는 지혜가 있을 줄 몰라도 신념이 없기 때문에 꾸준하지 못합니다. 그래서 이런 사람들은 상황의 변화에 따라서 이랬다저랬다 하므로 사람이 믿지를 못하는 것입니다.

명철자들도 있습니다. 이들은 도를 많이 닦아서 사물의 이치를 잘 압니다. 그러나 이런 사람들은 오히려 순발력이 없어서 이론적으로만 잘 따지지 행동을 하지 못하는 경우가 많습니다. 그래서 예수님께서는 제자들에게 "너희는 뱀같이 지혜롭고 비둘기같이 순결하라"고 말씀하셨습니다. 뱀은 순발력이 강하지만 지속적인 힘이 없습니다. 반대로 비둘기는 순발력은 없지만 꾸준히 가야 할 곳을 알고 있습니다. 그래서 하나님의 백성은 실력도 있어야 하지만, 겸손해야 합니다. 대개 실력이 있는 사람은 실력은 있지만 교만하고 잘난 체하기 때문에 사람들이 그런 사람들을 싫어하고 믿지 않습니다. 거기에 비해 성실한 자들은 성실하기는 하지만 미련해서 쓸데없는 고생을 사서 할 때가 많습니다. 그러나 지혜가 있고 겸손한 사람은 싫어하는 사람이 아무도 없습니다. 이런 사람이 바로 연단받은 하나님의 백성입니다.

여기에 보면 "지식인들이라고 은총을 입는 것이 아니니"라고 했습니다. 공부는 많이 했지만 다른 사람들이 그를 사랑하는 것은 아닙니다. 지식 있는 사람은 언제나 잘난 체하기 때문입니다. 그래서 똑똑한 사람은 직장에서도 꾸준하지 못한 것을 볼 수 있습니다. 그리고 어떤 사람은 이해관계에 따라서 배반하는 사람도 많이 있는 것을 볼 수 있습니다.

그래서 사람들과 하나님에게 사랑받는 사람의 특징은 우선 겸손하다는 것입니다. 그리고 실력이 있다는 것입니다. 말로만 잘한다고 해서 고장 난 기계가 고쳐지는 것은 아니기 때문입니다. 그리고 열정이 있다는 것입니다.

2. 사람들의 시기와 기회

요즘 '찬스'라는 말을 많이 씁니다. 즉 '아빠 찬스' 혹은 '엄마 찬스' 같은 말입니다. 예를 들어 대학에 들어가야 하는데 아버지가 대학 교수나 총장으로 있으면 그 찬스를 이용해서 상도 받고 좋은 논문도 쓰고 해서 우수한 성적으로 합격하는 것입니다. 그러나 만일 그분이 그 자리에서 다른 자리로 옮겨간다든지 아니면 회사를 그만두게 되면 그 찬스가 없어지고 그야말로 순수한 자기 실력으로 일을 감당해야 할 것입니다. 그런데 만일 그 사람이 실력도 없는데 잘난 체한다면 모든 사람이 그를 미워하며 실력 없이 백으로 그 자리에 있다는 소문이 나고 말 것입니다.

11절 끝에 보면 "시기와 기회는 그들 모두에게 임함이니라"고 했습니다. 이것은 모든 사람에게 성공할 기회가 주어진다는 뜻이 아닙니다. 즉 실력도 있고 지혜도 있고 공부도 잘하는 사람들에게 성공할 기회가 주어진다는 뜻입니다. 여기서 하나님을 믿는 사람과 하나님을 믿지 않는 사람에게는 엄청난 차이가 있습니다. 즉 하나님을 믿지 않는 사람에게는 한평생을 기다려도 기회가 오지 않을 때가 많습니다. 성공하는 사람의 경우, 십만 명이나 백만 명에게 한번 올까 말까 한 기회를 잘 잡아서 성공했기 때문입니다.

세상 사람들은 성공하려면 이와 같이 자기 전부를 던져서 죽도록 공부하든지 운동하든지 사업해야 성공할지 말지 합니다. 그러나 하나님의 백성에게는 한평생 한 번 이상의 기회가 주어집니다. 하나님이 우리의 삶을 리드하고 계시기 때문입니다. 그래서 우리 인생이 내 뜻대로 풀리지 않고 이상한 방향으로 흘러간다면 하나님께서 나를 강력하게 이끄신다고 생각하고 정신을 똑바로 차리고 따라가야 합니다. 대표적인 사람이 요셉입니다. 요셉은 형들에게 미움을 받고 모든 기회가 다 날라가 버렸습니다. 그는 애굽에서 노예가 되었을 때도 여주인의 말을 잘 들었더라면 성공할 수 있었을지 모르는데 여주인의 요구를 거절하는 바람에 감옥에 갇히게 되었습니다. 요셉에게는 성공할 수 있는 기회가 제로였습니다. 그러나 그는 하나님을 믿었습니다. 그리고 아무도 모르는 기회가 요셉에게는 찾아오게 되었습니다. 즉 요셉은 미래를 볼 수 있는 능력을 가지고 있었던 것입니다.

기회라는 것은 잘 풀리면 성공하지만, 잘 안 풀리면 실패하는 것을 말합니다. 이 세상의 찬스는 당장은 좋아 보이지만 그 안에는 죄가 있어서 썩은 냄새가 나게 되어있습니다.

그래서 전도자는 사람들이 자기가 그물에 걸려 있는 것도 모른다고 했습니다.

> 9:12, "분명히 사람은 자기의 시기도 알지 못하나니 물고기들이 재난의 그물에 걸리고 새들이 올무에 걸림 같이 인생들도 재앙의 날이 그들에게 홀연히 임하면 거기에 걸리느니라"

낚시하는 사람은 못이나 바다에 가서 낚시에 미끼를 달아서 물에 던져 놓습니다. 물고기는 지느러미와 꼬리가 있어서 손으로는 잡을 수 없을 정도로 빠릅니다. 그러나 물고기가 낚싯바늘에 한 번 걸리고 나면 그때는 아무리 몸부림치거나 줄을 끊으려고 해도 결국은 잡히게 됩니다. 이것은 새도 마찬가지입니다. 새가 마당에 떨어져 있는 곡식을 보면 그것을 먹으려고 하다가 사람이 줄을 당기면 소쿠리에 갇히든지 아니면 그물에 갇히게 됩니다.

마찬가지로 인간이 아무리 똑똑하다 해도 이 세상에는 멸망의 그물이 많이 있습니다. 일단 이성 문제로 그물에 걸리는 사람이 있습니다. 아무도 모르게 성관계를 가지면 기분은 좋지만 결국 그는 낚싯바늘에 걸린 것입니다. 그는 그 여자로부터 헤어나오지 못하고 인생을 망치게 될 것입니다. 또 검은 돈의 유혹이 있습니다. 주인이 없는 돈이라고 생각해서 먹었는데 그 안에 낚싯바늘이 꾲혀 있어서 결국 파멸로 끌려가게 되는 것입니다. 더욱이 이 세상 자체가 그물입니다. 이 세상에는 너무 좋은 것이 많고 행복하게 해 주는 것이 많아서 돈만 있으면 다 된다고 생각합니다. 그래서 사람들은 좁은 문으로 들어가지 않으려고 합니다. 그리고 좁은 길로 가는 사람을 바보라고 부르는 것입니다. 그러나 낚싯바늘이 없는 곳은 바로 이 좁은 문과 좁은 길밖에 없습니다. 예수님은 "멸망으로 인도하는 문은 넓고 찾는 자가 많아서 많은 사람이 그 길로 간다"고 하셨습니다. 나에게 주어진 길을 묵묵히 걸어가는 것이 낚시에 걸리지 않는 비결입니다.

다니엘이 바벨론의 총리가 되고 또 페르시아의 총리가 되었을 때, 그를 시기하는 자들이 아무리 그의 부정을 탈탈 털어도 먼지 하나 나오지 않았습니다. 그러자 결국 그의 신앙을 문제 삼아서 한 달 동안 왕 이외의 신에게 기도하는 자는 사자 굴에 집어넣는 법률을 만들었습니다. 이것이 다니엘이 걸린 덫이었습니다. 그러나 다니엘은 사자 굴에 떨어졌지만 사자들이 그를 건드리지도 못했습니다. 천사가 그를 지켜주고 있었기 때문입니다. 그러나 다니엘을 시기하던 자들은 사자의 밥이 되고 말았습니다. 이 세상은 살얼음판이고 사망의 골짜기가 널려 있습니다. 우리는 선한 목자 되신 예수님을 따라가는 것만이 이 세상을 성공적으로 사는 유일한 길입니다.

3. 작은 성을 살리는 지혜

진정한 지혜는 자기만 살 뿐 아니라 다른 사람도 살리고 나라도 살리는 지혜가 됩니다. 그러나 우리 예수 믿는 사람들은 모두 힘도 없고 백도 없기 때문에 나라를 살린다는 것은 꿈에도 생각할 수 없습니다. 어느 날 생각지도 않았던 전쟁이 어느 지혜자가 사는 성에서 터지게 되었습니다. 굉장히 많은 군사를 거느린 큰 왕이 작은 성에 와서 외벽을 쌓고 성 안에 있는 사람을 다 죽이려고 합니다.

9:13-15, "내가 또 해 아래에서 지혜를 보고 내가 크게 여긴 것이 이러하니 곧 작고 인구가 많지 아니한 어떤 성읍에 큰 왕이 와서 그것을 에워싸고 큰

흉벽을 쌓고 치고자 할 때에 그 성읍 가운데에 가난한 지혜자가 있어서 그의 지혜로 그 성읍을 건진 그것이라 그러나 그 가난한 자를 기억하는 사람이 없었도다"

어떤 곳에서 전쟁이 터지려고 할 때 전쟁의 본질을 이해하는 것보다 더 중요한 것이 없습니다. 이것은 관직이 필요한 것도 아니고 왕의 자리에 앉아야 하는 것도 아닙니다. 중요한 것은 지혜로 사람들을 살리는 것입니다.

다윗 때 세바라는 사람이 반역을 일으켰는데, 세바는 다윗에 반대하는 자들을 이끌고 아벨이라는 성에 들어가서 본부를 차렸습니다. 그때 다윗의 장군 요압은 아벨을 에워싸고 흉벽을 쌓아서 그 안에 있는 사람을 다 죽이려고 했습니다. 그때 한 여인이 요압 장군을 좀 보자고 하면서, 우리는 다윗에게 반항하지 않았는데 왜 흉벽을 쌓아서 우리를 다 죽이려고 하느냐고 물었습니다. 그랬더니 요압은 아벨 성의 사람들이 미운 것이 아니라 그 안에 있는 세바라는 한 사람이 백성을 충동질하기 때문이라고 했습니다. 그때 그 여인이 그러면 세바의 목을 내어주면 공격을 멈추겠냐고 물었습니다. 요압이 그렇다고 하니까 그 여인은 성 지도자들을 설득했습니다. 우리가 다 죽는 것보다는 세바 한 사람 죽는 것이 낫다고 해서 세바의 목을 베어서 성 밖으로 던지니까 요압은 군대를 모두 다 데리고 철수함으로 성 사람들은 모두 살게 되었습니다.

또 한번은 다윗의 군대가 모압의 성을 에워싸고 공격했습니다. 그 이유는 모압 왕이 죽었을 때 다윗이 조문 사절단을 보내었는데 모압의 새 왕이 그들을 모욕했기 때문입니다. 그때 다윗에게 사죄의 조문단을 보내고 다른 나라 용병을 돈으로 사려고 하지 않았더라면 얼마든지 살 수 있었는데 용병을 사서 전쟁하는 바람에 다 죽고 말았습니다.

다윗이 소년이었을 때 블레셋이 쳐들어왔는데, 골리앗은 그 거인의 몸과 힘으로 이스라엘 왕과 하나님을 모욕했습니다. 이 전쟁의 목적은 하나님이 계시냐, 안 계시냐 하는 문제였습니다. 이때 다윗은 담대하게 나가서 "너는 창과 단창으로 내게 나아오지만 나는 만군의 하나님 여호와의 이름으로 네게 나아가노라" 하고 물맷돌로 골리앗을 죽이고 이스라엘을 구합니다.

일본 여인들은 미움받는 것보다 더 비참한 것이 잊히는 것이라고 하며 잊히지 않으려고 자꾸 사고를 치는데 그것은 좋은 행동이 아닙니다. 하나님이 기억하고 계시기 때문에 사람들이 잊어버리는 것을 너무 섭섭해하지 말아야 합니다. 오히려 하나님의 종들은 하나님의 큰일을 하고 난 후에 숨어버려야 합니다. 그래서 하나님께만 온전한 영광이 돌아가도록 하는 것이 좋습니다. 하나님의 일을 한 후에 자꾸 사람들에게 알아달라고 떼쓰는 과거의 사람이 아니라 미래를 향하여 담대하게 나아가는 지혜의 사람들이 다 되시기를 바랍니다.

22

불완전한 지혜

전 10:1-11

사람은 모두 이 세상에서 행복한 삶을 살기 원합니다. 그래서 모두 이 세상에 대한 지혜를 가지기를 원합니다. 그러나 인간의 지혜가 완전할 수 없는 것은 우리 자신의 미래를 알지 못하기 때문입니다. 만약 우리가 미래에 벌어질 일만 알 수 있다면 이 세상에서 얼마든지 행복하게 살 수 있을 것입니다. 예를 들어서 우리가 어느 날 심장마비로 죽을 것을 안다면 미리 병원에 가서 심장 수술이나 시술을 받을 것입니다. 또 어느 곳에 지진이나 화산 폭발이 일어날 줄 안다면 그런 재앙이 일어나기 전에 미리 다른 곳으로 피해버리면 될 것입니다. 그러나 인간의 지혜는 미래를 알 수 없으므로 그들의 행복은 일시적일 수밖에 없습니다.

여기서 우리가 알 수 있는 것은 성공했거나 성공하지 못했거나 인간의 지혜는 불완전하다는 것입니다. 그런데 이 불완전한 자기 성공을 믿고 나가는 사람은 망하고, 하나님 앞에 무릎 꿇는 사람은 아름답게 살 수 있는 것입니다. 오늘 많은 사람은 종교는 마음이 약한 사람들이나 믿는 것이지 자기 같은 지식인들은 믿을 필요가 없다고 말합니다. 그러나 이 사람들은 자기 앞에 어떤 일이 기다리고 있는지 알지 못하는 어리석은 자들입니다.

1. 인간의 지혜는 불완전하다

전도자는 이 세상에서 성공한 인간의 지혜가 얼마나 불완전한지 기가 막힌 예를 들어서 설명하고 있습니다.

10:1, "죽은 파리들이 향기름을 악취가 나게 만드는 것 같이 적은 우매가 지혜와 존귀를 난처하게 만드느니라"

제 아내는 소고깃국을 아주 귀하게 생각합니다. 그래서 소고깃국을 끓이려고 하면 먼저 맛있는 부위의 소고기를 사놓고 그다음에 파를 썰고 마늘을 까고 그리고 양념을 넣어서 맛있게 끓여놓습니다. 그런데 아내가 외출하는데 마음이 급해서 그 소고깃국을 한 번도 제대로 먹지 못하고 밖에 두었다가 돌아왔을 때 그 귀한 국이 맛이 상해 있다면 어떻게 해야 할까요? 제일 먼저 저보고 맛을 보라고 합니다. 저는 그런 순간을 가장 싫어합니다. 만약 식중독에 걸려도 제가 가장 먼저 걸리게 될 것이고, 그 상한 고깃국을 먹는 것은 절대로 기분이 좋지 않기 때문입니다. 그러나 아내는 그 국을 버리기 아까워서 한 숟갈 떠와서 저에게 맛을 봐달라고 합니다. 그런데 그 국에서 시큼한 맛이 나면 상한 것이고 그 아깝게 만든 국을 다 버려야 하는 것입니다. 그 국은 아무리 아까워도 먹을 수가 없기 때문입니다.

본문에서 전도자가 드는 예는 향기름 즉 비싼 향유입니다. 집에 아주 향기 나는 향유가 있는데, 뚜껑을 제대로 닫아 놓지 않는 바람에 파리가 새카맣게 들어가서 죽어있고 심지어 냄새조차도 변해 있다면 그 향유를 가진 여성은 아깝지만 기름 전체를 버려야 할 것입니다. 우리는 이런 경우가 너무나도 많습니다.

우리가 이 세상에서 국을 끓이고 향기름을 준비하고 향수를 준비하는 것은 우리가 이 세상에서 노력하는 것이고 성공하는 것입니다. 그러나 그것 못지않게 중요한 것이 뚜껑을 잘 닫아 놓는 것입니다. 뚜껑을 잘 닫아 놓지 않으면 그 고생해서 준비한 국이나 기름을 전부 다 버려야 할 것입니다. 바로 이 뚜껑이 하나님을 의지하는 믿음입니다. 결국 우리가 이 세상에서 아무리 노력을 하고 아무리 성공을 거두어도 하나님을 의지하는 믿음이 없으면 그 성공이 어느 한순간 다 없어지고 마는 것입니다.

10:2, "지혜자의 마음은 오른쪽에 있고 우매자의 마음은 왼쪽에 있느니라"

만약 우리가 가운데 서 있다면, 하나님의 지혜와 세상의 지혜는 멀리 있는 것이 아닙니다. 그런데 이 두 지혜가 특이한 것은 두 가지 지혜를 다 들을 수 없다는 것입니다. 즉 하나님의 지혜를 들으면 세상 지혜가 들리지 않게 되고, 세상 지혜를 들으면 하나님의 지혜가 들리지 않게 됩니다. 우리는 결국 이 둘 중의 하나만 택해야 합니다. 그러나 사실 하나님의 지혜가 가까이 있다는 것은 이스라엘의 경우에 속하는 것이고, 다른 민족은 하나님의 지혜를 들을 수 없습니다. 그래서 제가 중국 당나라 때의 삼장법사나 우리나라 신라 때 혜초 같은 사람을 존경하는 이유는 이들이 불경을 구하기 위하여 그 먼 인도까지 목숨을 걸고 갔다 왔다는 사실 때문입니다. 그러나 그들이 그 몇십 년씩 걸려서 가져온 불경조차도 완전한 지혜는 아니었습니다.

진정한 지혜는 성경에 있는 지혜이고, 예수님이 가져오신 지혜입니다. 그래서 원래 예수님의 별명이 지혜였고 말씀이었습니다.

10:3. "우매한 자는 길을 갈 때에도 지혜가 부족하여 각 사람에게 자기가 우매함을 말하느니라"

여기서 길을 간다는 것은 인생길을 살아가는 것을 뜻합니다. 사람들은 자신의 지혜도 불완전하면서 세상에서 다른 사람들을 가르치고 산다는 것입니다. 그 이유는 그렇게라도 해서 사람 구실을 하고, 그런 불완전한 지혜라도 배워야 직장을 구할 수 있기 때문입니다.

결국 중요한 것은 뚜껑을 잘 닫아두고 순수한 지혜를 얻는 것입니다. 이것이 바로 '주권자'의 말씀입니다.

10:4. "주권자가 네게 분을 일으키거든 너는 네 자리를 떠나지 말라 공손함이 큰 허물을 용서 받게 하느니라"

지금 왕이 화가 나서 신하를 야단치고 있습니다. 그런데 그 신하는 왕의 말을 듣지 않고 나가버리면 어떻게 되겠습니까? 그 신하는 왕을 왕으로 인정하지 않는 것이 되며, 자기가 왕보다 더 똑똑하다는 뜻이므로 왕은 그 오만한 신하를 죽일 것입니다. 이 신하는 아는 것은 많지만 뚜껑이 없어서 평생 준비한 것을 다 쏟아버리고 마는 것입니다. 결국 중요한 것은 하나님이 우리 주권자가 되시는 것입니다. 하나님이 책망하실 때 겸손하게 들으면 그동안 부족한 것이 많이 있었더라도 하나님께서 다 채워주실 것입니다.

2. 세상 지식의 어리석음

우리 인간에게 자신의 미래를 알지 못한다는 것은 치명적인 어리석음입니다. 우리는 우리나 이 세상의 미래를 알지 못하기 때문에 항상 하나님 앞에서 겸손할 수밖에 없습니다. 그러나 이 세상은 그렇지 않습니다. 전도자가 보니까 어떤 우매한 자는 지위를 얻고, 부자들 즉 믿음을 가진 자는 낮은 지위를 가지게 되는 것입니다. 그래서 어리석은 자는 자기 권력이나 돈을 이용해서 얼마나 다른 사람들을 업신여기고 잘난 체하면서 사는지 모릅니다. 그러나 지혜로운 자는 오히려 이 세상에서 무시당하고 업신여김을 당합니다. 이것이 이 세상 주권자에게서 나오는 모순입니다.

전도자가 또 보니까 종들은 말을 타고 다니고 고관들은 종들처럼 땅에 걸어 다니고 있는 것입니다. 즉 세상에서 종이나 하면 딱 맞을 어리석은 자들은 성공해서 높은 자리에서 큰소리를 치고, 정말 하나님을 알고 의지하는 자는 이 세상에서 인정받지 못하고 가난하고 낮은 자리에서 사는 것입니다.

하나님은 왜 세상일을 이렇게 거꾸로 하실까요? 첫째로, 중요한 것은 이 세상 일이 모든 것은 아니기 때문입니다. 우매한 자는 아무 가치가 없으므로 연단할 필요가 없는 것입니다. 그러나 믿음을 가진 자는 이 세상에서 낮아지고 천한 것을 배워야 겸손해지고 갈고 닦아서 하나님 앞에 설 때 보석이 될 수 있는 것입니다. 또 어떤 의미에서 우매한 자는 결국 모든 것을 다 잃어버리고 영원한 멸망에 빠질 것이기 때문에 이 세상에 사는 동안만이라도 잘 먹고 잘사는 것이 공평하고, 믿음을 가진 자들은 이 세상에 있는 모든 것이 자신의 것이 될 것이기 때문에 겸손을 배우고 낮아지는 것을 배우는 것이 공평한 것입니다. 그래서 하나님의 백성은 세상 사람들의 잘사는 것과 높은 지위 차지하는 것을 부러워해서는 안 됩니다. 믿음을 가진 자는 오직 자기 속 사람이 보석으로 변하는 것을 귀하게 생각해야 하는 것입니다.

이 세상의 지혜는 한 가지만 생각하지 두 가지를 생각하지 못합니다. 즉 어떤 사람은 사냥하기 위하여 함정을 팠는데 얼마나 잘 팠는지 자기가 함정이 있는지 모르고 그 속에 빠져서 죽는다는 것입니다. 그러니까 함정을 파는 사람은 종을 시켜서 파는데 그는 사냥하는 것만 중요하게 생각해서 자기가 그 함정에 빠질 것을 생각하지 못한다는 것입니다. 그래서 함정을 파는 사람은 함정이 있는 곳에 반드시 표시해야 합니다.

동물 중에 사슴이나 노루는 평지나 산에서 얼마나 빨리 달리는지 마치 날아다니는 것처럼 뛸 수 있습니다. 그러나 사슴이나 노루가 언제든지 잘 뛸 수 있을 줄 알고 얼어붙은 강에 올라가면 굽이 얼마나 미끄러운지 꼼짝을 하지 못하게 됩니다. 이것이 바로 세상 지혜의 한계입니다. 가끔 공사하는 사람들이 안전막을 잘 설치하지 않아서 공사하는 인부가 떨어져 죽게 됩니다. 예전에는 이런 인명사고가 나면 현장소장만 구속되었는데 이제는 사장까지 구속한다고 합니다. 그래서 땅을 파야 할 때는 조심해서 파야 합니다.

어떤 사람은 담을 허물고 있습니다. 자기 집을 넓히기 위해서 옆집과 합치려고 하는 것입니다. 그런데 담을 허무는데 생각지도 못한 일이 생겨서 죽게 됩니다. 그것은 돌 사이에 독사가 숨어있다가 그 사람을 물어버리는 것입니다. 그래서 사람이 더 부자가 되고 더 큰 회사가 되고 더 큰 교회가 될 때는 독사를 조심해야 합니다. 즉 자기가 관리해야 하는 사람이 많아지는 것 자체가 스트레스이고 독인 것입니다. 그래서 요즘은 목회자나 사업을 하는 사람 중에 심장병 환자가 많고 또 죽는 사람도 많습니다. 그 이유는 사람들이 하는 말 자체가 다 독이기 때문입니다.

어떤 사람은 돌을 떠냅니다. 이것은 자기 집이나 건물을 아주 화려하게 지으려고 하는 것입니다. 그러나 돌을 떠내다가 돌이 미끄러지면 공사하는 사람들이 죽게 됩니다. 이것은 큰 나무를 베는 데도 마찬가지입니다. 큰 나무를 베다 보면 이 나무가 잘린 후에 어느 쪽으로 넘어질지 모릅니다. 그래서 전문적으로 나무 베는 사람은 나무를 베면서 거기에 쐐기를 박아서 한쪽으로 넘어지게 하지만, 급하게 일하는 사람은 무조건 나무를 베기만 하다가 자기 위에 나무가 넘어져서 깔려 죽게 되는 것입니다.

사람이 철 연장을 쓰기 전에는 먼저 그 연장을 잘 갈아서 날카롭게 해야 나무가 잘 베어집니다. 그러나 게으른 사람은 무딘 도끼나 칼이나 낫을 쓰다가 나무나 풀은 베어지지 않고 자기 손이나 자기 다리를 베게 되는 것입니다.

어떤 사람은 코브라 독사로 피리를 불어서 춤을 추게 해서 돈을 벌기도 합니다. 이 사람은 미리 모든 것을 다 준비해서 코브라가 함부로 나오지 못하게 해야 하는데, 피리도 불기 전에 뱀 뚜껑부터 열어버리는 바람에 자기가 독사에게 물려 버릴 수도 있습니다.

하나님의 지혜는 과욕을 부리지 않는 것이고 무슨 일을 하더라도 준비를 하고 자기가 모르는 일이 일어날 수 있다는 것을 알고 대비하는 것입니다.

3. 우매자가 많은 이 세상

사람들은 자기 지혜가 최고라고 생각하기 때문에 하나님을 의지하기보다는 자기 생각대로 떠들고, 자기 생각대로 하고 싶은 일을 해버리는 사람들이 훨씬 더 많습니다.

그래서 지혜자는 말을 해도 조심스럽게 말을 하니까 사람들이 무시합니다. 그러나 지혜자는 한마디를 해도 은혜스러운 말을 하고 그렇지 않으면 입을 다물어버립니다. 그러나 우매한 자는 자기가 아는 것을 다 이야기하고 잘난 체를 해야 하기 때문에 세상에는 우매자의 말이 훨씬 더 많은 것입니다. 그러나 이런 미련한 자의 말의 시작은 우매요, 그 결과는 미친 것입니다. 결국 미련한 자가 하는 일은 미친 여자가 널뛰는 것처럼 자기 멋대로 날뛰다가 나중에는 세상에서도 퇭

겨 나가는 것입니다. 처음에는 길을 잘 달리다가 나중에는 길이 없어지든지 아니면 절벽으로 떨어지기 때문입니다.

결국 14절 말씀이 핵심입니다.

10:14, "우매한 자는 말을 많이 하거니와 사람은 장래 일을 알지 못하나니 나중에 일어날 일을 누가 그에게 알리리요"

세상의 지혜는 많은 것을 준비하고 계획합니다. 그러나 사소한 한두 개를 빠트림으로 전체를 망치는 것입니다. 미국의 나사 본부에서도 우주선을 발사하면서 나사 하나를 덜 조이는 바람에 우주선이 폭발해서 그 안에 있는 우주인들이 다 죽었던 적이 있습니다. 우리는 미래 일을 알지 못하기 때문에 자기가 아는 것을 다 말할 수 없고 조용히 먼저 하나님의 말씀을 들어야 하는 것입니다.

그래서 우매한 자는 수고는 많이 하지만 결국 그의 인생은 피곤합니다. 왜냐하면 그의 마음은 쉬는 것을 알지 못하기 때문입니다. 그리고 성에 들어가는 길을 알지 못합니다. 이 성은 하나님의 축복의 성이요 영생의 성입니다.

어떤 나라는 왕이 어려서 아무것도 모르고, 신하들은 아침부터 잔치해서 술에 취합니다. 이런 것을 두고 무절제하다고 하고 샴페인을 너무 일찍 터트린다고 말합니다. 아직 성공하지도 못했는데 술부터 마시는 자는 주정꾼입니다. 그러나 제대로 된 나라는 왕은 모든 훈련을 다 받았고 귀족들도 술 취하지 않고 기분으로 일하지 않고 과식을 하지 않고 일할 만큼만 먹는 나라는 복이 있다고 했습니다.

사람이 게으르면 서까래가 내려 앉아버립니다. 그래서 매년 지붕을 고쳐야 하고 집에 비가 새는 곳이 없게 해야 합니다. 옛날에는 집에 비가 새도 아버지는 양반이라서 책만 읽고 있었는데, 이런 집은 부인이나 아이들이 엄청 고생하게 됩니다. 목사도 교회 돈을 함부로 쓰고 돈이 없으면 교인들에게 헌금하라고 독촉하는 교회는 교인들이 고생하게 됩니다. 그리고 좋다는 사업은 다 벌여서 교인을 시킬 때 하는 사람만 계속하고, 하지 않는 사람은 안 하기 때문에 벌써 교회가 사람을 피곤하게 하는 것입니다. 그래서 잔치는 한 번씩 하는 것이 좋습니다. 포도주도 늘 마시는 것이 아니라 기쁠 때 한번 마시는 것이 제정신으로 사는 것입니다.

19절 끝에 "돈은 범사에 이용된다"는 것은 잔치하거나 술 마신다고 돈을 다 허비하지 말고 모아놓고 있으라는 뜻입니다.

그리고 아무리 하나님의 지혜를 가진 자라도 왕을 욕하거나 다른 사람에게 인상을 자꾸 쓰는 사람은 남에게 좋은 인상을 주지 못하기 때문에 친구가 없어지게 됩니다. 남에게 나쁜 말을 하지 않고 늘 웃을 때 하나님의 지혜는 더 아름다워지게 되는 것입니다.

23

지혜로운 마음

전 11:1-10

사람들은 모두 이 세상에서 지혜롭고 똑똑한 자가 되기를 바랍니다. 그래서 학생이나 청년들은 학교나 대학에서 혹은 유학까지 가서 열심히 공부해서 지혜로운 자가 되려고 합니다. 그러나 지혜로운 자는 단순히 공부만 많이 하거나 책만 많이 읽는다고 해서 되는 것이 아니라 남들이 생각하지 못하는 것을 과감히 생각하고 남들이 하지 못하는 것을 행하는 사람이라고 할 수 있습니다. 오늘 과학자들은 계속 새로운 세계를 향하여 도전하고 있습니다. 요즘 가정에서 로봇 청소기를 쓰는데 청소기가 자기 혼자 돌아다니면서 청소하고 나중에는 충전까지 하는 것을 보게 됩니다.

스티브 잡스는 남들이 하지 않은 일을 과감하게 시도했는데, 그것은 책상 위에 있는 컴퓨터를 손바닥 위에 있는 무선 아이폰으로 바꾸는 일이었습니다. 아마 언젠가는 그런 물건이 만들어지겠지만 스티브 잡스는 그것을 50년이나 100년 정도 빨리 실현했다고 볼 수 있습니다. 아이폰은 무선을 써야 하니까 배터리 충전을 해야 하고 자판을 화면에 글자로 나오게 하는 것이 어려웠다고 합니다. 그리고 아이폰을 돌려도 그림이나 글자가 똑바로 나오게 하는 기술도 몹시 어려운 기술이었다고 합니다. 그러나 그는 책상 위의 컴퓨터를 손바닥 위의 전화기 안에 집어넣는 데 성공하여 지금 전 세계는 그가 만든 스마트폰을 사용하고 있는 것입니다.

솔로몬은 이 세상에서 지혜와 돈과 여인과 높은 자리를 다 차지했던 사람이었습니다. 그러나 그는 이 세상을 살아보고 난 후에 "이 세상의 모든 것이 헛되다"고 했습니다. 그 이유는 인간이 아무리 성공하고 유명해져도 결국 죽음을 이길 수 없기 때문입니다. 솔로몬이 이 세상의 모든 것이 헛되다고 말한 것은 이 세상 사는 것 자체가 아무 가치 없다는 뜻이 아니라 하나님이 없는 인생은 결국 헛될 수밖에 없다는 뜻입니다. 그러나 만일 우리가 하나님을 안다면 우리의 인생은 결코 헛되지 않습니다. 하나님과 함께한 인생은 영원히 남기 때문입니다. 그리고 믿음으로 산 인생은 절대로 이 세상에서 무가치하지 않기 때문입니다.

1. 남에게 나누어주는 인생

우리는 이 세상에 살면서 할 수 있으면 많은 것을 자기 것으로 가지기를 원합니다. 우리가 많은 것을 가지면 넉넉하게 살 수 있고 어려운 일이 찾아와도 얼마든지 돈으로 이길 수 있기 때문입니다. 그러나 전도자는 많은 것을 가지고 있는 삶이 결코 지혜로운 마음이 아니라고 강조하고 있습니다. 지혜로운 사람은 자기가 가지고 있는 것을 남에게 나누어주는 사람이라고 말하고 있습니다.

11:1, "너는 네 떡을 물 위에 던져라 여러 날 후에 도로 찾으리라"

전도자는 너무나 말도 되지 않는 말을 하고 있습니다. 그중 하나가 떡을 물 위에 던지라는 것입니다. 떡을 물 위에 던지면 떡이 물에 젖어서 아무도 먹지 못하게 될 것입니다. 그뿐만 아니라 물은 아래로 흘러내려 가기 때문에 한번 물에 던지면 다시 찾을 수 없습니다.

그러나 떡을 시냇물에 던지는 사람은 며칠 후에 다시 그 떡을 찾게 된다고 했습니다. 떡을 그냥 시냇물에 던지면 먹지 못하게 되겠지만, 바구니에 넣어서 물이 들어오지 못하게 하고 떠내려 보내면 누군가가 물을 마시러 시냇가에 왔다가 그 떡을 보고 먹게 될 것입니다. 만약 사람이 먹지 않으면 들짐승이라도 와서 그 떡을 먹게 될 것입니다. 그런데 놀라운 것은 많은 세월이 지난 후에 그 떡을 던진 사람이 도로 그 떡을 찾게 된다고 했습니다.

옛날 사람들은 자기보다 어려운 사람이 있으면 돌려받을 생각하지 않고 많이 도와주었습니다. 어려운 아이의 학비를 내어주기도 하고, 아픈 사람을 병원에 데려가기도 하고, 먹을 것이 없는 사람에게는 쌀을 사주기도 했습니다. 그런데 어려운 사람을 도와주는 것은 우리가 이 세상에 살면서 참 지혜로운 마음입니다. 왜냐하면 하나님이 그 사람을 도와주시기 때문입니다. 그래서 우리가 사람을 향하여 마음을 열면 하나님은 우리를 향하여 하늘 문을 열어주십니다.

그런데 우리가 다른 사람을 막상 도우려고 하면 아까운 생각이 많이 들게 됩니다. '저 사람이 나에게 무엇을 잘 해주었다고 내가 도와주어야 해?', 또 '저 사람을 돕는 것은 너무 아까워. 그 돈을 가지고 내가 쓰면 제주도 여행을 갔다 오겠는데.', '저 사람이 고생하는 것은 자기가 무능하기 때문이야. 저 사람이 무능한 것을 왜 내가 책임을 져야 해?' 라고 하면서 인색한 마음이 생기게 됩니다. 그래서 모르는 체하고 넘어가면 하나님도 나에 대한 축복의 문을 닫아버리십니다. 그래서 우리가 하나님께 헌금을 바치거나 다른 사람을 도우려고 하면 두 번 생각하거나 오래 질질 끌면 안 됩니다. 마음에 감동이 생겼을 때 바로 해버려야 돕게 되지, 자꾸 생각하면 나중에는 아까워서 돕지 못하고 헌금도 못하게 됩니다.

11:2. "일곱에게나 여덟에게 나눠 줄지어다 무슨 재앙이 땅에 임할는지 네가 알지 못함이니라"

우리는 살아가면서 남을 도와줄 때 한 명 정도 도와주면 많이 도와주었다고 생각합니다. 그러나 전도자는 일곱 명이나 여덟 명 정도 할 수 있으면 많은 사람을 도와주라고 권면하고 있습니다. 어떤 사람이 여러 어린이를 도왔는데, 그중에서 판사도 나오고 의사도 나오고 운동선수도 나오고 정치인도 나오게 되었다면 언젠가는 그 사람이 자기를 도와준 사람의 은혜를 갚을 것입니다. 그래서 하나님의 백성은 마음이 바다같이 넓어야 합니다. 그래서 어떤 사람이 실수하거나 잘못해도 무한정으로 용서해주고, 다른 사람이 도와달라고 할 때도 몇 번씩이라도 도와주라고 권유하고 있습니다. 그렇게 할 때 하나님이 우리의 많은 잘못도 용서해주시기 때문입니다.

그래서 우리는 다른 사람이 잘못했을 때 그것을 말하지 말고 몇 번씩이라도 용납하고, 또 여러 사람이 어려울 때 마음 문을 닫지 말고 능력이 되는 만큼 도와주라고 했습니다. 그 이유는 그렇게 해야 하나님도 천국 문을 닫지 않으시기 때문입니다. 베드로는 예수님께 "어떤 사람이 일곱 번 잘못을 저지르고 용서해 달라고 하면 용서를 해주어야 합니까?"라고 물었습니다. 예수님은 "네 형제가 일흔 번씩 일곱 번 즉 사백구십 번이라도 잘못하고 용서해달라고 하면 용서해주라"고 말씀하셨습니다(마 18:21-22).

우리가 믿음으로 다른 사람을 도울 때 하나님이 기적으로 도우십니다. 그러나 믿음으로 도운 사람은 자기가 어려운 사람을 도왔다고 생각하지 않기 때문에 자랑하지 않습니다. 하나님의 마음으로 돕는 사람은 내가 돕는 것이 아니기 때문에 기억도 하지 못합니다.

2. 자신의 한계를 아는 사람

우리는 이 세상에 살면서 마음으로는 모든 것을 다 하고 싶습니다. 유명한 축구 선수가 되고 싶기도 하고, 음악에 있어서 유명한 지휘자나 연주자가 되고 싶기도 하고, 유명한 장군이 되고 싶기도 하고, 노벨상을 타는 학자가 되고 싶기도 합니다. 그러나 우리가 여러 개의 인생을 살 수 없는 이유는 몸이 하나밖에 없기 때문입니다. 그리고 누구든지 이 세상에 사는 기한이 한정되어 있기 때문입니다. 어떤 사람은 자기가 모든 것을 다 할 수 있을 줄 알고 마음껏 사업을 벌이는데 나중에 보면 일이 제대로 되지 않아서 실패하는 경우를 보게 됩니다. 모든 사람의 체력이나 힘에는 한계가 있습니다. 그러나 자기에게 재능이 있다고 해서 한꺼번에 힘을 다 써버리면 그만큼 빨리 죽게 되는 것입니다.

11:3. "구름에 비가 가득하면 땅에 쏟아지며 나무가 남으로나 북으로나 쓰러지면 그 쓰러진 곳에 그냥 있으리라"

우리 인간은 이 세상에서 일어나는 일에는 능력을 나타낼 수 있지만, 하늘에서 일어나는 일은 아무것도 할 수 없습니다. 요즘 기상 변화 때문에 상상할 수 없는 일이 일어나고 있습니다.

여기 본문에 보면 폭우가 쏟아져서 나무가 쓰러지게 되었습니다. 그런데 나무 자체는 움직일 수 없으므로 사람이 옮기기 전까지는 남쪽이나 북쪽으로나 쓰러진 그대로 썩어질 수밖에 없습니다. 이것이 바로 인간입니다. 인간은 하나님의 도움 없이는 어디서든지 쓰러져서 그대로 썩어갈 수밖에 없는 약한 존재입니다.

11:5. "바람의 길이 어떠함과 아이 밴 자의 태에서 뼈가 어떻게 자라는지를 네가 알지 못함 같이 만사를 성취하시는 하나님의 일을 네가 알지 못하느니라"

사람은 "바람의 길"을 알지 못합니다. 미국에서는 토네이도라고 하는 유명한 회오리바람이 있습니다. 사람들은 토네이도가 어디를 지나갈지 알지 못합니다. 그러나 그 바람이 한번 지나가면 그 땅은 폐허가 되어버립니다. 지구 온난화로 남태평양 바다의 기온이 올라가니까 열대성 저기압이 형성되어서 미국에 자주 허리케인이 불어 닥칩니다.

지금 지구는 병들어 있습니다. 그러나 사람들은 지구를 쉬게 하지 않습니다. 그래서 이제는 미세 먼지와 매연으로 공기 오염이 더 심해지고 있습니다. 이제는 담배를 피우지 않아도 폐암 환자가 많이 생기고 있습니다.

또 우리 인간은 태중에 있는 아기의 뼈가 어떻게 만들어지는지 모릅니다. 그래서 어머니들이 처음 임신하면 과연 내가 아기를 낳을 수 있을까 걱정을 합니다. 마찬가지로 우리는 우리에 대한 하나님의 뜻을 잘 모릅니다. 그리고 하나님이 언제 우리를 데려가실지도 모릅니다. 그래서 우리는 항상 하나님이 언제 불러 가시든지 갈 준비하고 있어야 합니다. 우리는 모두 흙으로 만든 흙덩이에 불과합니다. 우리의 정신은 하나님의 형상을 닮아서 모든 것을 다 할 수 있을 것 같지만, 몸은 흙으로 만들어져서 자기 마음대로 되지 않습니다. 우리가 몸을 제대로 움직이려면 엄청나게 몸을 훈련해야 합니다.

우리는 결코 초인이 아닙니다. 단지 우리는 흙덩이와 정신 사이에서 끊임없이 욕심을 부리고 좌절하는 존재일 뿐입니다. 그래서 우리는 자신의 한계를 잘 알아야 합니다.

11:6, "너는 아침에 씨를 뿌리고 저녁에도 손을 놓지 말라 이것이 잘 될는지, 저것이 잘 될는지, 혹 둘이 다 잘 될는지 알지 못함이니라"

사람들은 코로나가 오기 전에 여러 가지 많은 계획을 세워놓았습니다. 그러나 코로나가 오고 나니까 일단 여행업계나 자영업자는 심한 타격을 받았습니다. 그 대신에 회사에 나가는 사람들은 집에서 근무하게 되었습니다. 그래서 집에서 스마트폰으로 보는 영화 넷플릭스에 엄청나게 가입자가 많아지게 되었습니다. 또 러시아와 우크라이나의 전쟁으로 밀가루값은 뛰고 있습니다. 이미 유럽은 양식 걱정을 하게 되었습니다. 아마도 최근에 겪지 못한 대기근이 찾아오게 될 것입니다. 그래서 우리는 미래에 이것이 잘 된다 혹은 저것이 잘 된다라고 방송에 나와서 큰소리를 쳐시는 안 됩니나. 우리는 미래에 어떤 일이 잘 될지 혹은 어떤 일이 안 될지 알지 못합니다. 그러므로 우리는 하나님 앞에서 늘 겸손한 마음으로 능력 주시는 범위 안에서 최선을 다해야 합니다.

3. 사람의 살아 있는 가치

우리가 이 세상을 살아가면서 다른 사람을 도울 수 있으면 힘써 여러 사람을 돕고, 또 마음을 바다같이 넓혀서 다른 사람의 허물에 대하여 관대해야 합니다. 우리가 살아 있는 것이 그만큼 위대하기 때문입니다. 우리가 지금 살아 있다는 것은 돈으로 가치를 따질 수 없을 정도의 어마어마한 축복이기 때문입니다. 예수님은 온 천하를 두고서도 우리 생명과 바꿀 수 없다고 말씀하셨습니다. 그러나 우리는 살아 있는 것을 당연하게 생각하고 이 귀한 시간을 허망하게 보내다가 죽을 때가 많습니다.

11:7, "빛은 실로 아름다운 것이라 눈으로 해를 보는 것이 즐거운 일이로다"

우리가 빛을 본다는 것은 우리가 이 세상에 살아 있다는 것을 말합니다. 우리는 이 세상에 살아있기 때문에 새파란 하늘도 보고, 푸른 산에도 가보고, 봄철에 벚꽃이나 진달래도 보고, 가족들과 함께 살기도 하고, 남녀 간의 사랑을 하기도 합니다. 더 중요한 것은 우리가 하나님을 알고 하나님을 찬양하고 예배할 수 있는 것입니다. 그러나 이 세상에는 사망의 음침한 골짜기가 도처에 널려 있기 때문에 조심해서 살아야 합니다.

11:8, "사람이 여러 해를 살면 항상 즐거워할지로다 그러나 캄캄한 날들이 많으리니 그 날들을 생각할지로다 다가올 일은 다 헛되도다"

우리는 매일 살아 있는 것을 감사하고 감격해야 하고, 할 수 있다면 다른 사람에게 한마디의 말을 하더라도 은혜로운 말을 해야 합니다. 우리가 이 세상에 해를 보면서 사는 것은 참으로 기쁜 일이고 즐거운 일입니다. 우리가 아무리 고생하고 병들었다 하더라도 죽는 것보다는 낫습니다. 그러나 이 세상에는 캄캄한 날이 많습니다. 즉 이 세상에는 여기저기 사망의 골짜기가 널려 있습니다. 교통사고도 있고, 자살도 있고, 코로나도 있습니다. 암도 있고, 정신 질환도 있습니다. 전쟁도 있고, 사고도 있고, 지진도 있습니다.

그래서 우리는 두 가지 자세로 살아야 합니다.

하나는 우리가 어린 시절의 마음으로 돌아가는 것입니다.

11:9, "청년이여 네 어린 때를 즐거워하며 네 청년의 날들을 마음에 기뻐하여 마음에 원하는 길들과 네 눈이 보는 대로 행하라 그러나 하나님이 이 모든 일로 말미암아 너를 심판하실 줄 알라"

우리가 어릴 때를 생각해야 하는 이유는 그때가 순수했기 때문입니다. 어렸을 때 친구들은 아직 때가 묻지 않았습니다. 그러나 어른이 되고 나이가 들면 술과 담배에 찌들고 욕이나 거짓말에 찌들어서 더 이상 어릴 때 친구를 찾을 수 없습니다. 그러나 우리는 신앙 안에서 항상 순수할 수 있습니다. 여기에 보면 네 마음에 원하는 대로 행하라고 했는데 이것은 반어법입니다. 즉 네가 하고 싶은 대로 다 하면 하나님의 심판을 받는다는 뜻입니다.

그리고 또 한 가지는 우리 마음에서 부정적인 것은 계속 몰아내야 합니다.

11:10, "그런즉 근심이 네 마음에서 떠나게 하며 악이 네 몸에서 물러가게 하라 어릴 때와 검은 머리의 시절이 다 헛되니라"

우리 마음에는 자꾸 미래에 대한 불안과 염려가 파고 들어오려고 하고, 악이 우리 안에 독사같이 똬리를 틀려고 합니다. 그러나 이런 악들을 물리치지 않으면 우리의 인생은 헛되게 됩니다. 어렸을 때 아무리 순수하고 신앙이 좋았다 하더라도 그의 인생은 결국 헛되게 됩니다. 우리는 하나님의 손으로 만드신 피조물입니다. 우리가 살아 있는 것을 기뻐하고 살아 있는 동안 적극적으로 선을 찾고 악을 물리치는 성도들이 다 되시기 바랍니다.

24

창조주를 기억하라

전 12:1-14

우리가 살아가면서 중요한 것은 어떻게 하면 자신의 인생을 만족스럽고 행복하게 살 수 있느냐 하는 것입니다.

솔로몬은 이 세상에서 모든 것을 다 가지고 살았습니다. 그는 지혜가 뛰어났고, 무지무지하게 많은 금과 돈을 가지고 있었으며, 천 명의 부인을 두었고, 왕의 지위에 있었습니다. 그러나 그는 자신의 인생에 대하여 만족하지 못했습니다. 솔로몬은 자신의 인생이 헛되고, 헛되고, 헛되고 헛된 인생을 산다고 말하고 있습니다. 과연 우리가 이 세상 사는 것이 그렇게 헛되기만 하다면 굳이 이 세상을 살아야 할 필요가 있겠습니까? 그래서 한때 일본에서는 이 세상을 오래 살아봐야 소용없다고 생각해서 멋진 곳에 가서 자살하는 것이 유행했던 적이 있습니다.

괴테가 쓴《젊은 베르테르의 슬픔》이라는 책에는 베르테르가 남의 아내인 사람을 사랑하다가 이루어질 수 없으니까 자살하고 맙니다. 그래서 그 당시 많은 젊은이가 그 책을 읽고 그런 죽음이 아름답다고 해서 그를 따라서 자살하는 일이 많았습니다. 지금도 많은 사람이 얼마든지 더 살 수 있음에도 불구하고 자살의 길을 택하고 있습니다. 신문에서는 '극단적인 선택을 했다' 고 하는데 그것이 다 자살을 말하는 것입니다.

그러나 전도자는 무조건 죽는 것이 잘하는 것은 아니라고 강조하고 있습니다. 왜냐하면 살아있는 개가 죽은 사자보다 낫기 때문입니다.

전도자는 인간이 만족하지 못하게 사는 이유를 생각해 보았습니다. 그것은 두 가지였는데, 하나는 모든 인간은 죄라는 병에 걸려 있다는 것입니다. 병에 걸려 있는 사람이 만족할 수는 없습니다. 거기에다가 인간에게는 모두 마음속에 광기가 있다는 것입니다. 사실 모든 인간은 미쳐있고 또 미쳐가고 있으므로 자기 인생에 만족할 수 없는 것입니다. 그래서 전도사는 우리가 진정으로 만족한 인생을 살기 위해서는 무엇보다 내 속에 있는 죄와 광기를 치료받아야 한다고 말하고 있습니다. 하나님만이 우리의 죄와 미친 광기를 치료하실 수 있습니다. 그러므로 우리는 참된 하나님을 만나야 내 인생에 만족이 있을 수 있습니다.

저는 어렸을 때부터 교회를 다녔지만 제 인생에 만족하지 못했습니다. 집이 가난해서 학교 다닐 수 없었기 때문입니다. 그러나 저는 대학에 들어가서 공부하고 친구를 사귀면서도 제 인생에 만족할 수 없었습니다. 그 이유는 내 안에 광기와 죄가 가득 들어 있었기 때문입니다. 그런데 어느 날 주님이 저를 부르셨습니다. 그리고 주님은 "너의 이 죄 때문에 자신이 십자가에 못 박혀 죽었다" 고 말씀하셨습니다. 제가 주님 앞에 무릎을 꿇고 나의 죄를 인정했을 때 마음에 만족이 찾아왔습니다. 마음이 그렇게 시원할 수 없었습니다.

전도자는 우리가 과연 가치 있고 만족스러운 삶을 살기 위해서는 아직 생명이 있을 때 하나님을 만나서 인생의 병을 치료받아야 한다고 강조하고 있습니다. 그러고 난 후에 우리는 할 수 있는 대로 다른 사람에게 선을 행하고 어린아이같이 더럽혀지지 않은 순수한 인생을 살아야 한다고 권면하고 있습니다.

1. 창조주 하나님을 기억하라

우리가 이 세상을 살아가는데 자기가 어떤 사람인지, 자기 자신을 찾는 것이 아주 중요합니다. 그래서 어렸을 때 외국에 입양되어간 사람은 나중에라도 한국에 찾아와서 부모를 찾으려고 합니다. 그런데 부모가 어떻게 실수해서 시장이나 놀이터 같은 곳에서 아이를 잃어버린 부모는 자녀를 찾아서 만나지만, 어렸을 때 잘못된 관계로 사생아를 낳은 부모는 거의 만나지 못한다고 합니다. 왜냐하면 부모가 그 아이를 버렸기 때문이고, 그 아이에 대하여 아무것도 기억하지 못하기 때문입니다.

전도자는 그의 가르침을 배우기 위해 찾아온 사람들에게 "청년의 때에 너의 창조주를 기억하라"고 권면하고 있습니다.

> 12:1. "너는 청년의 때에 너의 창조주를 기억하라 곧 곤고한 날이 이르기 전에, 나는 아무 낙이 없다고 할 해들이 가깝기 전에"

여기서 "청년의 때"는 아직 머리가 딱딱하게 굳어지지 않아서 새로운 가르침을 받아들일 수 있을 때를 말합니다. 사람이 어렸을 때는 머리가 말랑말랑하기 때문에 누가 무엇을 가르쳐도 잘 받아들입니다. 그러나 대개 성공한 사람들은 머리가 이미 굳어져 버려서 누가 뭐라고 해도 자기 생각과 맞지 않는 것은 결코 받아들이려고 하지 않습니다. 그는 이미 청년기를 넘어버린 것입니다.

사실 이 세상에 하나님이 계신 것을 어떻게 알 수 있을까요? 그것은 바로 우리 자신이 존재하기 때문입니다. 하나님이 안 계신다면 도대체 이렇게 멋있고 아름다운 내 자신이나 우리 인간이 존재할 수 없기 때문입니다. 물론 우주도 광대하고 자연도 아름답지만, 창조주가 계시다는 가장 분명한 증거는 우리 자신입니다. 하나님이 없으면 우리 같은 인간은 존재할 수 없습니다.

그러나 우리는 하나님을 잃어버렸습니다. 왜냐하면 과거에 우리 인간에게 무슨 일이 일어났기 때문입니다. 우리 인간은 겉으로 보기에는 멋있어 보이지만 사실은 하나님을 잃어버린 아이들입니다. 로스트 보이즈(Lost Boys)인 것입니다. 복음은 하나님이 우리를 부르는 소리입니다. 즉 "네 멋대로 살지 말고 네 욕심대로 살지 말고 술을 끊고 방황을 끊고 하나님의 집으로 돌아오라"는 부르심인 것입니다.

왜 청년의 때에 창조주를 기억해야 할까요? 청년의 때는 아직 정신이 말랑말랑해서 하나님의 부르심을 들을 수 있기 때문입니다. 우리가 하나님을 만나기만 하면 우리 인생의 불만과 고통은 한순간에 사라져버립니다. 내 자신을 찾았기 때문입니다. 우리를 창조하신 하나님은 온 우주를 창조하신 분입니다. 하나님은 우리의 미래도 창조하실 것입니다. 우리가 하나님을 알고 난 후 깨닫게 되는 것은 내가 실패하고 내가 모자라고 우리 집안이 망해서 고생한 줄 알았는데 알고 보니까 하나님께서 여기까지 나를 인도하셨다는 것입니다.

2. 곤고하고 어두운 날이 온다

누구든지 젊었을 때는 자기가 늙어서 노인이 되고 얼굴에 주름이 생기며 허리가 굽을 수 있다는 것은 상상하지 못합니다. 그래서 주위에 나이가 많은 노인이 지나가면 나와는 전혀 별개의 사람인 것처럼 생각할 때가 많습니다. 젊었을 때는 머리가 있고 힘이 있고 야망이 있어서 무엇이든지 다 할 수 있다고 생각하기 때문입니다. 그런데 우리 인간은 건강만 나빠지면 금방 힘이 없어지게 되고 그리고는 희망이 사라지게 됩니다.

12:1하. "곧 곤고한 날이 이르기 전에, 나는 아무 낙이 없다고 할 해들이 가깝기 전에"

사람은 20대가 가장 길게 느껴집니다. 대학에 들어가도 20대이고, 재수를 해도 20대이고, 군대를 갔다 와도 20대입니다. 그래서 젊은이들은 자신의 젊음이 영원히 계속될 줄 생각합니다. 그러나 결혼하고 직장을 가지고 먹고사느라고 허덕거리다 보면 어느새 마흔이 되고 오십이 되고 어느 날 육십이 되어있는 자신을 발견하게 됩니다. 사람들은 자기가 나이 드는 것을 아무리 부인하려 해도 아이들이 크는 것을 보면 부인할 수 없습니다. 어느새 자녀가 결혼해서 손자 손녀가 생기면 자기는 자동적으로 할아버지, 할머니가 되는 것입니다.

왜 전도자는 나이가 드는 것을 곤고한 날이라고 하고 아무 낙이 없다고 부정적으로 말을 할까요? 그 이유는 어느 순간부터 호르몬의 변화가 생기고 노화가 오기 때문입니다. 그래서 남자들은 마음이 소심해지고 힘이 없어지며, 자신감을 잃게 되고, 과거의 잘못한 것이 후회되고, 죽음이라는 것을 생각하게 되면서 굉장히 우울해지게 됩니다. 여성들도 호르몬이 끊어지면서 불면증이 오고 얼굴이 늙게 되고, 성격도 과격해지게 되고, 몸매도 달라집니다.

나이가 들면 가장 슬픈 것이 자기에게 남아 있는 시간이 많지 않다는 것입니다. 그리고 두 번째로는 나이가 든 자기가 할 수 있는 것이 거의 없다는 사실입니다. 물론 자기 기분으로는 모든 것을 다 할 수 있을 것 같지만 힘이 없어서 밤을 새울 수 없고 눈이 어두워져서 작은 글씨가 보이지 않고 가지고 있는 것은 돈이나 노욕밖에 없다는 현실을 알게 됩니다.

전도자는 사람이 늙는 것을 비유적으로 표현하고 있습니다.

> 12:2, "해와 빛과 달과 별들이 어둡기 전에, 비 뒤에 구름이 다시 일어나기 전에 그리하라"

"해와 빛과 달과 별"이라는 것은 '밝은 날'을 말합니다. 사람이 잘 나갈 때는 낮에는 햇빛이 쨍쨍 비춰고 밤에는 달이 있고 별들이 찬란하게 빛나서 낭만적입니다. 어린아이의 눈을 보면 정말 눈동자가 밤같이 새카만 것을 볼 수 있습니다. 그런데 팔레스타인은 우리와 달리 겨울에 비가 많이 옵니다. 여기에 보면 비 뒤에 구름이 다시 일어납니다. 이때는 서리가 내리게 되는 것입니다. 서리가 내리면 머리도 희게 되고 수염도 희게 되고 심지어는 눈썹까지도 희게 됩니다.

사람이 나이가 들면 일단 이마가 벗겨지게 됩니다. 그래서 청년 때에는 머리카락이 얼굴을 덮었는데 나이가 들면 어느 순간에 이마가 훤하게 됩니다. 그리고 나이가 들면서 소화력이 떨어지기 때문에 입맛이 없어집니다. 그리고 몸에 있는 근육이 빠지는데 마치 바다 썰물처럼 근육이 없어지게 됩니다. 그리고 노인들은 몸이 차갑기 때문에 뜨거운 물에 목욕하는 것을 좋아합니다.

> 12:3, "그런 날에는 집을 지키는 자들이 떨 것이며 힘 있는 자들이 구부러질 것이며 맷돌질 하는 자들이 적으므로 그칠 것이며 창들로 내다 보는 자가 어두워질 것이며"

지금 본문의 이 부분부터가 전도서의 해학 즉 즐거운 부분일 뿐 아니라 전도서의 클라이맥스이기도 합니다. "집을 지키는 자"는 팔다리도 되겠지만 고개를 말합니다. 늙으면 고개를 바로 세우는 것이 힘들고 머리를 떨게 됩니다. 또 "힘 있는 자들이 구부러질 것"은 젊었을 때는 장사 소리를 들었는데 60이 되면서 허리부터 아프기 시작해서 구부러진다는 것입니다. 또 여기서 "맷돌질 하는" 것은 이빨을 말합니다. 늙으면 치아가 많이 빠지기 때문에 음식을 씹을 수 없습니다. 거기에다가 "창들로 내다 보는" 것은 눈을 말합니다. 나이가 들면 백내장, 녹내장 등의 질병으로 눈이 잘 보이지 않게 됩니다.

12:4. "길거리 문들이 닫혀질 것이며 맷돌 소리가 적어질 것이며 새의 소리로 말미암아 일어날 것이며 음악하는 여자들은 다 쇠하여질 것이며"

"길거리 문들이 닫혀질 것"은 눈이 어두워지는 것도 되지만, 귀가 어두워지는 것을 말합니다. 그래서 노인들은 잘 듣지 못하기 때문에 이야기할 때 소리를 지르게 됩니다. 그리고 이명이라는 현상이 생겨서 어지러워지기도 합니다. 또 "맷돌 소리가 적어질 것"이라고 했습니다. 이것은 치아가 많이 빠진 것도 되지만, 이야기를 할 수 있는 친구가 적어진다는 것입니다. 나이가 들면 같은 소리를 자꾸 반복해서 하기 때문입니다. 그래서 늙으면 친구가 없어져서 말할 대상이 없어지게 됩니다. 또 "새의 소리로 말미암아 일어날 것"은 불면증이 생겨서 잠을 깊이 들지 못하고 새 소리만 나도 깨어버린다는 것입니다. 젊었을 때는 누가 업어 가도 모르고 잤는데 늙으면 잠이 없어지게 됩니다. 또 "음악하는 여자들은 다 쇠하여질 것"은 음성도 변한다는 것입니다. 아무리 피아노를 잘 치는 사람도 나이가 들게 되면 손가락 관절이 아파서 피아노를 칠 수 없게 되고, 또 눈이 어두워서 악보가 보이지 않게 됩니다.

또 5절에 보면, 노인들은 "높은 곳을 두려워할" 것입니다. 떨어지는 것이 두렵기 때문입니다. 또 "길에서는 놀랄 것"이라고 했습니다. 이것은 노인들은 실패에 대한 두려움이 많기 때문에 새로운 도전을 하지 못한다는 것입니다. 그리고 기억력이 급격하게 감퇴하기 때문에 옛날에는 아주 잘 알던 것부터 잘 생각이 나지 않게 됩니다. 이어서 "살구나무가 꽃이 필 것"은 얼굴에 검버섯 같은 것이 생기는 것을 말합니다. 젊었을 때는 얼굴이 깨끗했는데 늙으면 얼굴에 얼룩이 생기게 됩니다. 또 "메뚜기도 짐이 될 것"은 아주 작은 짐이라도 무거워서 들지 못한다는 것입니다. 또 늙으면 "정욕이 그치리니"라고 했습니다. 그래서 노인이 되면 정욕이 없어져야 하는데 요즘 노인들은 바이그라인지 뭔지 하는 것을 먹고 더 정욕에 빠지는 것을 보게 됩니다. 그리고 인간은 "자기의 영원한 집으로" 돌아가게 됩니다. 어떤 사람은 지옥으로, 어떤 사람은 영생으로 들어가게 되는 것입니다. 하나님을 모르고 주 예수의 복음에 복종하지 않는 자들은 영원한 지옥에 들어가게 됩니다. 그때 "조문객들이 거리로 왕래하게" 되어 찾아오지만 죽은 사람에게 그것이 무슨 소용이 있겠습니까? 죽은 사람만 없어지고 세상은 그대로 돌아가는 것입니다.

12:6. "은 줄이 풀리고 금 그릇이 깨지고 항아리가 샘 곁에서 깨지고 바퀴가 우물 위에서 깨지고"

나이가 많이 들게 되면 이제는 맥박이 느리게 뛰고 혈관에도 노폐물이 쌓여서 피가 잘 돌지 않게 되고 신진대사가 느리게 됩니다. 그러다가 심혈관이 막히면 어느 순간에 심장이 멎게 되는 것입니다. 이것을 보고 "은 줄이 풀리고 금 그릇이 깨진다"고 비유하고 있습니다. 또 "항아리"는 심장이나 위장을 나타냅니다. 위가 고장이 나니까 더 이상 먹지 못하는 것입니다. 그리고 그 길고 길었던 인생의 "바퀴"는 드디어 깨지고 멈추게 되는 것입니다.

결국 사람이 자신의 삶을 바꿀 수 있는 시간은 그렇게 길지 않습니다. 언제나 젊을 것 같지만 어느 순간 도둑같이 노화가 찾아와서 죽음을 눈앞에 두게 되는 것입니다. 그래서 7절에 "흙은 여전히 땅으로 돌아가고 영은 그것을 주신 하나님께로 돌아가기 전에 기억하라"고 했습니다. 그것을 모르는 인생은 결국 헛되고, 헛되고, 헛된 것입니다.

3. 하나님의 지혜의 가르침을 들으라

지혜자는 자신의 가르침이 깊이 생각한 것이며, 진리의 말씀을 정직하게 기록했다고 말하고 있습니다.

> 12:11, "지혜자들의 말씀들은 찌르는 채찍들 같고 회중의 스승들의 말씀들은 잘 박힌 못 같으니 다 한 목자가 주신 바이니라"

그래서 사람에게는 두 가지가 필요합니다. 하나는 바른길을 잘 달리게 하는 채찍입니다. 잘 달리는 말이라도 채찍질한다고 했습니다. 사람은 결국 하나님의 말씀의 채찍에 맞아야 바른길을 갈 수 있지, 자기가 다 되었다고 생각하거나 혹은 기분 좋게 하는 말만 듣는 사람은 엉뚱한 길로 가게 될 것입니다. 그리고 다른 하나는 하나님의 말씀을 주의해서 듣는 것입니다. 말씀을 잘 들으면 잘 박힌 못 같이 가슴에 박히고 잘 떨어지지 않습니다. 그러나 책을 많이 쓰는 것이나 공부를 많이 하는 것은 몸을 피곤하게 한다고 했습니다. 이미 하나님이 주신 말씀이 있는데 그것을 믿지 않고 아무리 책을 쓰고 공부를 많이 해봤자 그 인생은 만족함이 없다는 것입니다.

결론적으로 "일의 결국을 다 들었으니" 우리가 할 일은 하나님을 경외하고 하나님의 명령들을 지키며 사는 것입니다(13절). 이것이 우리의 본분이요 만족한 인생을 사는 비결입니다. 하나님은 모든 행위와 모든 은밀한 일을 선악 간에 심판하시리라고 했습니다(14절).